平和主義
明治維新　参議院　選挙
　　　　　　　　　　　経済
副学　自由民主党　永田町
　　　　　　　　　　帝国主義
裏金　日本　内閣　分裂
権力　　　派閥　社会党

일본 정치는 왜 이럴까

総理大臣　　　　政治　　世襲
衆議院　歴史　　　　　大名
　地方政治　　　　　　短命
　　　共産党　立憲民主
　　　　　　天皇　総選挙

머리말

　일본은 흔히 우리나라와 가장 가까이 위치한 이웃 나라라고 불립니다. 우리의 수도 서울과 일본의 수도 도쿄까지는 직선거리로 약 1,157km 떨어져 있으며, 비행기를 타고 약 2시간이면 닿습니다. 또한 부산에서 일본 쓰시마섬까지는 고작해야 50km도 채 되지 않죠. 기상 여건이 좋은 날이면 부산 앞바다에서 쓰시마의 형상이 맨눈으로 보일 정도이며, 쓰시마에서는 우리나라 통신사의 전파가 잡히기도 한답니다. 실로 일본은 우리나라와 가장 가까운 나라라 할 수 있습니다.
　우리나라와 일본은 실제 지리적 거리감은 물론이고 심리적으로도 문화적으로도 다른 어느 나라와 비교할 수 없을 정도로 가까이 지내고 있습니다. 서로 근접하다는 지리적 특성 덕인지 나라를 구성하는 사람들 역시 비슷합니다. 우리는 모두 예로부터 한자 문화권에 속한다는 점과 타인을 대

일본 정치는 왜 이럴까

김호진

ⓒ 2025. Hojin Kim. All rights reserverd.
ⓒ 2025. 김호진.

이 책은 대한민국 저작권법의 보호를 받는 저작물입니다.
무단 전재 및 복제를 금하며, 책의 전부 또는 일부를 사용하려면
반드시 저자와 출판사의 동의를 받아야 합니다.

— 이 책에서 사용한 서체

한국출판인회의 KoPubWorld 바탕체 Pro
한국출판인회의 KoPubWorld 돋움체 Pro
TENADA X 투게더그룹 태나다체
小塚昌彦 X Adobe Originals Kozuka Mincho Pro
小塚昌彦 X Adobe Originals Kozuka Gothic Pro

할 때 예절을 중시한다는 점, 유교와 불교의 전통이 문화의 근간에 있다는 점. 이에 더해, 묘하게 다른 듯하지만 꽤 유사한 외형을 갖고 있으며 식사를 할 때 젓가락을 쓴다는 점 등 동질감을 느끼기에 충분한 요소를 매우 많이 갖고 있습니다.

특히 유전자 단위로 내려가 살펴보면 한국인과 일본인은 사실상 한 몸이라고 보기도 합니다. 먼 옛날 한반도에서 일본 열도로 건너간 고대 이주민들이 현대 일본인 유전자의 대부분을 구성하는 먼 조상이 되었다는 연구 결과가 있기도 합니다. 일본에서는 한반도에서 열도로 건너간 사람들을 일컬어 '도래인'(渡来人)이라 부르는데요. 고대 동아시아와 한반도에 거주하던 사람들이 기원전부터 4~7세기 무렵 일본 열도로 건너가 원주민과 융합하며 현대 일본인의 특성을 구성했다는 것이 정설로 받아들여지고 있습니다.

이처럼 지리적, 문화적, 생물학적 공통점을 갖는 한국과 일본입니다만, 때때로 우리는 서로가 참 다르다고 느낍니다. 일본 사람들은 한국 사람들을 두고 너무 거칠고 급하다고, 빠르게 달아오르고 빠르게 식는다고 흉을 봅니다. 반면에 우리는 일본인을 두고 겉과 속이 달라 도무지 믿을 수 없으며 예의 바른 척하지만 결국 속은 음흉하다고 깎아내립니다.

한국인이나 일본인이나 결국 한 뿌리에서 나왔을 터인데, 어째서 이렇게 서로를 바라보는 인식이 다를까요. 아무래도 그 배경에는 20세기 초 일제에 의한 조선 강점이라는 불행한 과거의 기억이 현재를 지배하고 있는 탓도 있겠습니다만, 저는 가장 큰 이유를 '정치'에서 찾고자 했습니다.

한 나라의 정치적 배경은 그 국민의 사고와 인식을 좌우합니다. 물론 정치를 두고 어떠한 형태가 좋은지 나쁜지, 어떻게 정치를 풀어나가야 옳은지 그른지, 무 자르듯 딱 잘라 가치판단을 할 수는 없습니다. 허나 국가 전

머리말

체를 지배하는 정치 체제와 그 실현자인 정치인이 국민의 삶에 미치는 영향에 따라 흔히 말하는 '국민성'이 달라지는 것은 부정할 수 없는 사실이라고 생각합니다.

예를 들어, 대통령제와 단원제를 채택하고 있는 우리나라는 권력의 집중에 익숙합니다. 대한민국이 수립되기까지 한반도에 존재하였던 거의 모든 정권은 중앙집권적 성격의 왕정을 채택하고 있었고, 개중에는 일부 기초적인 수준의 지방자치제도가 시행되고 있었다고 하더라도, 결국 천하의 모든 권력은 임금 단 한 사람에게 귀속되는 것이었죠. 대한민국 수립 이후에도 이러한 구조는 큰 틀에서 달라지지 않았습니다. 국가의 지도자는 대통령 단 한 사람이며, 그를 견제하는 국회 역시 하나의 뭉텅이로만 존재하고 있습니다. 따라서 우리는 은연중에 권력은 한 곳에 존재한다고 믿게 됩니다.

다만 공권력의 집중과는 별개로, 대한민국 국민은 과거 민주화 운동을 통해 몸에 익힌 주권자 의식이 팽배합니다. 정치 지도자는 어디까지나 민의를 효율적으로 국정에 반영하기 위해 사용하는 도구에 불과하며, 지도자가 마음에 들지 않으면 언제든지 갈아치울 수 있다고 인식합니다. 이러한 사고는 우리를 역동적으로 만들었습니다. 사회를 구성하는 개개인이 정치적 의사 표현을 하는 것이 당연시되었고, 오히려 정치 참여에 소극적인 것이 이상하게 보이기까지 하죠. 이처럼 정치 현안에 관한 의사 표출이 즉각적으로 일어나는 만큼, 빠르고 강력하게 의견을 개진하고 행동하는 것이 아주 자연스럽게 받아들여지고 있습니다.

반면에 일본은 메이지 유신이 있기 전까지 국가의 권력이 제대로 통합된 적이 없습니다. 국가 최고 존엄으로 천황이 군림하는 한편 일본 열도의 실권은 정이대장군 즉 '쇼군'이 쥐는 형태였지요. 또 중앙의 통제를 제대로 따르는 것을 전제로, 지방의 영주인 '다이묘'들의 자치 권한을 최대한 보장하는 형태로 국가가 유지되었습니다. 이로 인해 지방에서 다이묘 간의 권력 투쟁이 빈번하게 발생했고 무력 충돌도 불사했습니다. 열도 역사상 가장 긴 내전기인 '전국시대'가 이러한 배경에서 발생했습니다.

나아가 일본은 상징적이나마 국가 통합의 역할을 하는 천황이 존재하고, 그의 정통성에 기반하여 내각의 정당성이 보장되는 만큼 정치를 향한 유권자의 열망이 그다지 뜨겁지 않습니다. 나랏일은 나라님이 하는 게 당연하다고 보는 것이죠. 특히 자신의 위치에서 맡은 바를 충실히 하며 화합하고 살아야 한다는 개념인 '와(和) 사상'이 정치와 국민의 저변에 깔린 만큼, 가슴 속에는 어떠한 뜨거운 열망이 있더라도 쉽사리 겉으로 표출하지 않고 가능한 한 차분히 대응합니다. 이렇다 보니 친구끼리, 가족끼리 정치를 주제로 대화하기를 꺼리고, 정치적인 언사를 거침없이 쏟아내는 인물을 경원시하게 되었습니다. 유학 시절, 점심시간이면 캠퍼스 한복판에서 확성기를 들고 "아베 정권 타도"를 외치던 일본인 학생이 있었는데, 놀라울 정도로 아무도 그에게 관심을 주지 않았더랬죠. 바로 옆에 붙어 있음에도 한국과 일본의 정치적 배경이 이토록 다릅니다.

그렇다면 이쯤에서 드는 의문이 있습니다. 도대체 일본 정치는 왜 이럴까? 이 책은 여기에서 출발했습니다. 한국인이 가장 많이 방문하는 나라이자, 여러 방면에서 가까운 일본. 그러한 일본이 우리와 다른 이유인 '정치'가 '왜' 이런 모습을 갖추게 되었는지 탐구하여, 일본에 대한 이해를 좀 더 깊게 하고 싶었습니다. 이러한 열망에 더해, 지난해 몇 차례 있었던 일본 국내 선거를 거치며 주변 지인들에게서 꾸준히 들었던 질문을 종합하여 책으로 엮게 되었습니다.

머리말

책의 서두에는 현대 일본 정치 체제에서 가장 중요하다고 생각되는 천황의 존재와 내각, 양원제 국회의 모양새를 훑어보았고, 지난 40여 년간 일본 정치를 지배했던 '55년 체제'에 대해 정리하였습니다. 제2장 이후 책의 핵심 부분에서는 일본 정계의 중심지인 '나가타쵸'의 속사정을 자세히 다루었는데요. 일본의 여당 자유민주당이 어떻게 권력을 유지하고 있으며, 그들 사이에서 벌어지는 파벌정치의 맥락을 짚었습니다. 여기에 더해 좀처럼 영향력을 발휘하지 못하는 야당의 안타까움도 종합해 서술했습니다.

제3장 이후 후반부에는 일본 정치의 특징을 구성하는 정치적, 문화적, 사상적 배경에 대해 알아보았습니다. 총리는 굵고 짧게 사라지지만 의회 권력은 어째서 영원히 이어지는가, 지방 영주와 같이 대대로 권력을 이어가는 '세습 정치'는 어떻게 만들어졌는가, 정치인의 필수 요소는 무엇이며, 현대 일본 우익의 정신을 지배하는 '일본회의'는 무엇인가. 그밖에 권말에는 일본 정치를 이해할 때 도움이 될 만한 흥미로운 사실들을 짤막하게 모아 정리했습니다.

모든 내용은 관심사에 따라 혹은 필요에 따라 끌리는 부분을 오며 가며 읽을 수 있게끔 시계열과 관계없이 자유롭게 편집했습니다. 물론 첫 장부터 끝까지 한 번에 흘러가는 게 가장 좋겠습니다만, 원하는 부분만 골라 읽더라도 충분히 이해할 수 있을 겁니다. 나아가 책을 작성할 때 참고한 모든 문헌은 책의 끝에 정리해 두었으니, 더욱 깊은 이해를 원하는 독자께서는 일별하시기를 바랍니다.

우리나라만 바라보고 있어서는 언제까지고 한국과 일본의 차이를 알아낼 수 없습니다. 가면 갈수록 오해와 불신만 커질 뿐이죠. 아무리 거울을 들여다보고 대화를 연습한다고 한들, 직접 타인과 마주한 적이 없다면 제대로 된 말 한마디 할 수 없는 것과 같은 이치입니다. 타인과 진실되게 교류하려거든 나를 아는 것도 중요하지만, 대상에 관해 이모저모 꼼꼼하게 살펴볼 필요가 있습니다.

  한국인으로서 살아가며 때때로 우리나라가 일본과 마찰을 빚을 때, 도대체 일본은 왜 저렇게 행동하는가, 저들은 어째서 저렇게 생각하는가, 많은 의문을 안게 됩니다. 이는 일본의 정치가 어떻게 현재의 모습을 갖추게 되었는지 이해하지 못함에 기인한다고 봅니다. 일본 노래를 듣고, 일본 드라마를 보고, 만화, 애니메이션, 소설 등 일본의 문화를 다수 접함으로써 스스로 "일본을 이해하고 있다"라고 착각하고 있기 때문이라고 생각합니다. 이러한 착각을 타파하고, 진정 일본을 이해하기 위해서 우리는 그들의 문화와 사회현상의 저변에 놓인 정치적 맥락을 알아야 할 필요가 있습니다. 그제야 비로소 진정 일본이 왜 저러는지 이해할 수 있을 터입니다.

  어느 한 나라를 이해하고자 하거든 국가의 모양새는 물론이며, 구성원이 공통으로 향유하고 있는 문화적 배경과 인간군상을 알아야 합니다. 이에 가장 좋은 것이 '정치'라고 생각합니다. 그러한 의미에서, 부디 이 부족한 책이 가깝고도 먼 나라 일본을 이해하는데 삭게나마 도움이 될 수 있기를 진심으로 기원합니다.

2025년 2월 27일, 광화문에서.
김호진.

들어가며

제1장 일본 정치 훑어보기

1. 천황과 내각 그리고 국회　　　　　　　　　　　　　　16
인간이 된 신, 천황 | 내각, 일본을 이끌다 | 중의원과 참의원

2. 제국주의에서 민주주의로　　　　　　　　　　　　　　24
일본 제국의 태동, 메이지 유신 | 전쟁 끝 민주주의 시작

3. 정치의 근간 '55년 체제'　　　　　　　　　　　　　　29
만년 야당 사회당 | 절대권력 자민당 | 단단한 여당과 오합지졸 야당

제2장 나가타쵸의 속사정

1. 무소불위 자민당 막부　　　　　　　　　　　　　　　36
일본의 전성기를 연 자민당 | 장기집권의 어둠

2. 권력의 씨앗 파벌 정치　　　　　　　　　　　　　　　44
여당 속 야당, 야당 속 여당 | 파벌의 형성과 권력다툼
반란, 분열 그리고 권력의 교체 | 민심보다 중요한 당심 | 파벌 정치의 끝

3. 생존을 건 이합집산　　　　　　　　　　　　　　　　60
하나는 부러지지만 둘은 강하다 | 필요하다면 적과의 동침도 좋다

4. 보이지 않는 야당의 그림자　　　　　　　　　　　　　67
분열과 반목의 사회당 | 산을 움직인 마돈나
시대에 버림받은 민주당 | 풀뿌리를 지탱하는 소수 정당

제3장 권력을 이어가는 방법

1. 총리는 왜 단명하는가　　　　　　　　　　　　　　　80
길어야 3년, 초단기 '비정규직 총리' | 운명을 쥔 참의원과 자민당
총리를 끌어내려라! | 3,000일vs500일, 천차만별 재임기간

2. 4선은 우습다? 초장수 국회의원　　　　　　　　　　92
헌정사와 함께한 오자키·나카소네
12선 노장에 도전하는 4선 젊은 피 | 800억 엔짜리 만세삼창

3. 장인정신의 다이묘 정치　　　　　　　　　　　　　100
정치를 대대손손 가업으로 | 화려한 일족의 복잡한 가계도
세습 정치, 과연 끝낼 수 있을까?

제4장 정치인을 만드는 것

1. 정치인의 필수요소 '3방'　　　　　　　　　　112
권력 세습의 핵심 키워드 | 예나 지금이나 선거는 사람 싸움
아는 만큼 뽑힌다 | 돈만큼 확실한 것은 없다

2. 학벌이 지배하는 일본 정치　　　　　　　　122
일본판 'SKY 캐슬' 도쿄·와세다·게이오 | '도련님'은 에스컬레이터 타신다

3. 정치인이 태어나는 곳　　　　　　　　　　128
미래 정치인 양성소 '쥬쿠' | '경영의 신'이 만드는 일본의 미래
일본 보수의 성지 '송하촌숙'

4. 우익의 모태 일본회의　　　　　　　　　　138
종교와 정치의 잘못된 만남 | 일본회의와 아베 | 우경화는 계속된다

제5장 일본 정치, 한 걸음 더

1. 오른쪽으로 더 오른쪽으로　　　　　　　　148
세상에 나쁜 우익은 없다 | 메이지 유신이 남긴 극우의 흔적
내셔널리즘을 경계하라

2. 오묘한 북일관계　　　　　　　　　　　　155
'조선'과 일본의 인연은 여전히 | 북한과 일본, 원래는 친했다?
간악한 쪽바리와 핵 미치광이 | 서로가 서로에게 바라는 것

3. 권력의 감시자 소리방　　　　　　　　　　165
일거수일투족 감시당하는 총리 | 감시받는 권력, 가능할까?

나가며

일본 정치는 왜 이럴까

제1장
일본 정치 훑어보기

천황과 내각 그리고 국회

제국주의에서 민주주의로

정치의 근간 '55년 체제'

천황과 내각
그리고 국회

인간이 된 신, 천황

본격적으로 일본 정치의 특징에 관해 살펴보기 전에, 우선 조금은 지루한 이야기를 해보겠습니다. 교과서에 나오는 이야기처럼 읽을 마음이 들지 않을 수도 있겠습니다만, 앞으로 풀어나갈 이야기들을 위해 꼭 알아두어야만 하는 기초 상식입니다. 도무지 참을 수 없는 분들은 재빨리 제2장으로 넘어가셔도 좋습니다.

여러분도 잘 알다시피 일본은 입헌군주제 국가입니다. 지위와 기능에 명백한 제한이 있기는 하지만 국민 통합의 상징이자 사실상의 원수(元首)인 천황(天皇)이 존재하기 때문입니다. 천황은 어떤 존재일까요. 그 힌트는 헌법에서 찾아볼 수 있습니다.

1947년 현행 헌법이 시행되기 이전까지 존속하던 「대일본제국헌법」(大日本帝国憲法)에는, 천황은 일본의 국가원수이며 통치권을 총람한다고 되어 있었습니다(제4조). 또 그 지위는 신성하며 침해할 수 없다고 규정되어 있죠(제3조). 나아가 천황은 법률의 재가·공포·집행·명령 권한을 갖고 있으며, 제국의회의 협찬을 받아 입법권도 행사할 수 있었죠(제5·6조). 게다가 육군·해군의 통수권자였으며, 선전포고권과 계엄선고권도 갖고 있었습니다(제11·13·14조). 제국주의 시절 일본의 천황은 모든 권력을 틀어쥐고 있으며, 말 그대로 살아 숨쉬는 신(神) 그 자체였습니다.

    하지만 태평양 전쟁 이후 미군정에 의해 새로이 쓰인 현행 헌법에 따라 천황의 지위와 기능은 현격히 제한되었습니다. 현행 「일본국헌법」(日本国憲法)은 제1장 제1조부터 제8조까지 천황에 대해 서술하고 있는데요. 기존의 '국가원수'라는 표현은 '국민의 상징'이라는 표현으로 교체되었으며, 천황의 지위는 '신성불가침'에서 주권을 보유한 일본 국민의 총의에 근거한다고 바뀌었습니다(제1조).

    또한 무제한적 권력 행사를 방조했던 옛 조문들과 달리 현행 헌법에서는, 천황이 국사와 관련해 행사하는 모든 행위는 내각의 조언과 승인이 필요하게끔 변화하였고(제3조), 헌법에 명시된 열 가지 국사(国事)를 제외하고 그 어떠한 국정 기능도 수행할 수 없게끔 되었습니다(제5·7조). 흔히 입헌군주제에서 일컬어지는 "군주는 군림하되 통치하지 않는다"라는 표현이 적확히 실현되고 있다고 볼 수 있습니다.

    이처럼 헌법과 법률에 따라 천황의 지위와 기능이 제한되고 있다는 사실을 두고 일부 우익 세력은 불만이 많습니다. 이들은 이후 책 속에서 여러 차례 언급할 헌법 제9조 '전쟁포기' 조항과 세트로, 천황을 일본국의 실

일본 정치 훑어보기

⟨천황의 지위에 관한 신구 헌법 비교⟩

대일본제국 헌법	일본국 헌법
제1조 대일본제국은 만세일계의 천황이 통치한다.	제1조 천황은 일본국의 상징이자 일본국민 통합의 상징이며, 이 지위는 주권이 있는 일본국민의 총의에 따른다.
제3조 천황은 신성하며 침해하여서는 아니된다.	제3조 천황의 국사에 관한 모든 행위는 내각의 조언과 승인이 필요하며, 내각은 이에 책임을 진다.
제4조 천황은 국가의 원수로서 통치권을 총람하고, 이 헌법 조항에 따라 이를 행사한다.	제4조 천황은 이 헌법이 정하는 구사에 관한 행위만을 행사하며, 국정에 관한 권능을 갖지 아니한다.
제5조 천황은 제국의회의 협찬을 받아 입법권을 행사한다.	제6조 천황은 국회의 지명에 따라 내각총리대신을 임명한다.
제7조 천황은 제국의회를 소집하고, 개회, 폐회, 정회 및 중의원의 해산을 명한다.	
제11조 천황은 육해군을 통수한다.	
제13조 천황은 전쟁을 선언하고, 강화하며, 제반 조약을 체결한다.	

질적 원수로 격상하고 헌법에 명기해야 한다고 꾸준히 주장하죠. 실제로 지난 2012년, 무력 행사의 권한이 없는 자위대를 '국방군'으로 재정의하고, 천황을 "일본국의 원수"로 삼는 헌법 개정 초안이 정치권에서 부상하기도 했습니다.

일본 정치는 왜 이럴까

내각, 일본을 이끌다

군주인 천황이 상징적 존재로 격하되었으니, 그를 대신해 국정을 돌봐야 할 조직이 필요하겠죠. 바로 내각(内閣; cabinet)입니다. 의원내각제가 아닌 대통령제를 채택하고 있는 우리나라에서는 자주 접할 수 없는 단어라 생소할 수 있는데요.[1] 독일, 오스트리아, 이탈리아, 영국, 스페인 등 유럽 대부분의 국가와 캐나다, 호주, 뉴질랜드 등 의원들이 내각을 구성해 행정부 기구로 삼는 나라는 꽤 많습니다.

이들 국가의 행정 수반은 대통령이 아니라 총리(総理)입니다. 간혹 수상(首相)이라는 표현을 쓰기도 하는데, 각각 영어 표현 President와 Prime Minister에 해당하는 말로, 총리는 국정의 전반을 도맡아 처리하는 관료의 우두머리와 같은 뉘앙스이며, 수상은 군주 아래 수많은 신하(相) 중 으뜸(首)이라는 뜻을 갖고 있습니다. 그래서 우리는 총리라는 단어를 채택했습니다.

일본의 행정권은 내각에 속합니다. 내각의 수장은 내각총리대신(内閣総理大臣)이며 그 외 국무대신(国務大臣) 14명을 더해 내각을 구성합니다.

---

[1] 사실 우리나라에 내각이 아예 없는 것은 아닙니다. 대통령과 함께 국무회의에 참가하는 국무총리 이하 국무위원의 구성을 내각이라고 표현하죠. 다만 국무위원이라는 단어가 월등히 많이 쓰이고 있으며, 일반적인 의원내각제 내각과는 미세한 차이가 있기 때문에 자주 접하지 못하는 것일 뿐입니다. 대통령제 국가임에도 내각제의 흔적이 보이는 이유는, 1919년 4월 수립된 대한민국임시정부가 한성 정부를 통합하는 과정에서 기존의 의원내각제 성격에 한성 정부가 채택한 대통령제의 특색이 결합되었기 때문입니다.

일본 정치 훑어보기

당연히 국무대신의 임면권은 총리가 갖습니다. 내각은 국무를 통할하고 법률을 집행하며, 외교, 조약, 예산, 관료 사무 등 다방면에 걸쳐 기능을 수행합니다. 삼권분립의 한 축을 담당하는 만큼 방대한 권한을 행사할 수 있으며 그 지위가 보장됩니다.

특히 「일본국헌법」 제75조에 따라 국무위원은 총리의 동의가 없는 한 재임 중에는 소추되지 않습니다. 일견 무소불위의 힘을 휘두르던 먼 옛날 천황의 모습이 겹쳐 보일 수 있는데요. 안타깝게도 일본의 내각은 그리 단단하지 않습니다.

내각의 수장이자 내각 구성의 첫 단추인 내각총리대신은 국회의 의결에 따라 국회의원 중에 지명됩니다. 일본 국회는 하원인 중의원(衆議院)과 상원인 참의원(参議院)으로 구성되는 양원제 국회인데요. 중참 양원 모두에서 총리를 지명할 수 있습니다. 다만 양원의 지명이 다를 경우 중의원의 손을 들어주게 되어 있습니다. 따라서 중의원을 구성하는 국회의원의 입김이 대단히 중요하고, 특히 의회의 다수를 점하는 정당의 영향력이 큽니다.

또한 내각은 중의원에서 내각불신임(内閣不信任)의 결의가 있으면 해산됩니다. 우리나라는 국회에서 대통령에 대한 탄핵을 소추하더라도 즉시 효력이 발생하지 않고 헌법재판소를 통해 최종적인 법적 판단을 얻어야 하는데요. 이와 대조적으로 일본 국회는 내각을 한 번에 날려 보낼 수 있죠. 내각은 중의원의 불신임 결의가 가결되면 순순히 내각총사퇴(内閣総辞職)를 하거나 중의원을 해산시켜야 하죠. 중의원이 해산되면 곧장 총선거가 열리는데, 이 선거가 끝나면 내각은 총사퇴해야 합니다. 국회의 결심에 따라 내각의 목숨이 오락가락하는 것입니다. 이는 행정부에 대한 입법부의 견제가 얼마나 강력한지를 보여줍니다.

〈제1회 제국의회 개원식〉

ⓒ 일본 국립국회도서관 디지털 콜렉션ᴬ⁾

중의원과 참의원

이야기가 나온 김에 일본의 양원제에 관해서도 짧게 짚고 가겠습니다. 앞서 말씀드린 대로 일본 국회는 하원 중의원과 상원 참의원, 양원으로 구성되어 있습니다. 양원제는 옛 헌법이 제정된 메이지 유신 시절부터 현재까지 유지되고 있습니다. 당시에는 참의원을 귀족원(貴族院)이라 불렀습니다. 양원은 그 권한에 별달리 차이가 없었고, 유일하게 다른 점은 "예산은 앞서 중의원에 제출해야 한다"라는 헌법 제65조의 규정에 따라 중의원에 주어진 '예산선결권'이 전부였습니다.

이처럼 비교적 동등한 권한과 지위를 갖던 양원에 차이가 발생한 것은 태평양 전쟁 이후였습니다. 일본은 패전 이후 천황주권국가에서 국민주권국가로 이행하였는데요. 이때 의회 역시 제국의회에서 일반적인 국회로 민주화하게 됩니다.

패전 직후 시데하라 기주로(幣原喜重郎) 내각은 '헌법문제조사위원회'(憲法問題調査委員会)를 구성해 헌법을 어떻게 개정할 것이며, 국회의 구성을 어떻게 할 것인가에 대하여 논의하였습니다. 회의에서는 "양원제를 유지하는 한편 귀족원의 권한을 제한하고 그 구성을 민주적으로 바꾸어야 한다"라는 의견이 지배적이었죠. 또 귀족원의 명칭 변경에 관하여 상원(上院), 제2원(第二院), 원로원(元老院), 특의원(特議院), 심의원(審議院), 참의원 등 다양한 후보를 두고 검토하였습니다. 그 결과 참의원으로 결정되었죠. 이때 법률과 예산은 양원에서 모두 의결해야 하며, 양원 간 의견 불합치가 있다면 중의원의 의결이 우선시된다는 개념도 도입됩니다.

참고로 당시 참의원의 구성에 관해, 국민으로부터 선출된 의원에 더해 천황의 칙임으로 임명된 의원을 포함한다는 내용을 넣어 천황이 내정에 개입할 수 있도록 길을 열어주고자 했는데요. 이는 향후 미군정과의 교섭 과정에서 가차없이 탈락하게 됩니다. 내각의 조언과 승인에 따라 제한적 국사만을 수행하는 천황에게 국회의원인 참의원의 임명권을 주자는 발상은, 천황의 지위를 국민 통합의 상징으로 격하시킨 취지와 맞지 않았기 때문입니다.

결국 귀족원으로부터 출발한 참의원은 그 지위와 권한에 어떠한 특성을 부여해야 할지 명확한 결정을 짓지 못한 채 모호한 형태로 현재까지 이릅니다. 이 탓에 양원의 관계는 법률 제정과 예산 처리, 총리의 지명 등에 있어 중의원이 참의원보다 압도적으로 우세한 형태가 되었습니다. 덕분에 현행 헌법 아래 참의원이 어떠한 역할을 해야 하는가, 중의원과 달리 어떠한 특색을 가져야 하는가, 차라리 참의원을 없애고 단원제로 가야 옳는가 등에 대한 논의가 지금까지 80년 가까이 이어지고 있습니다.

〈중참 양원의 기능과 권한 비교〉

	중의원	참의원
정원	465명	248명
임기	4년	6년
선출방법	전국 289개 소선거구에서 289명을 선출하고, 전국 11개 구역에서 비례대표 176명을 선출	3년마다 정원의 절반인 124명을 새로이 선출하며, 47개 도도부현 선거구에서 74명, 전국 단일 비례대표선거에서 50명을 선출
해산여부	내각의 조언과 승인에 따라 천황이 해산	해산하지 않음
입법권	법률안은 양원에서 모두 가결하여야 성립한다. 단, 중의원에서 가결한 법안이 참의원에서 부결할 경우, 중의원에서 재의하여 재석 3분의 2가 찬성하면 성립한다.	
예산의결권	내각이 작성한 예산은 중의원에 우선 제출되며, 중의원, 참의원 순으로 심의 및 의결한다. 중참 양원의 의결이 일치하지 않거나, 참의원이 예산안을 접수하고 30일 이내에 의결하지 않을 경우 중의원의 의결을 국회의 의결로 삼는다.	
총리지명권	내각총리대신은 국회의 의결에 따라 지명한다. 단 양원에서 서로 다른 인물을 지명하였거나, 중의원의 지명 의결 이후 참의원이 10일 이내에 의결하지 않을 경우 중의원의 의결을 국회의 의결로 삼는다.	

일본 정치 훑어보기

일본 제국의 태동, 메이지 유신

앞서 일본 정치의 배경을 구성하는 맥락을 간략히 살펴보았는데요. 여기부터는 일본 정치의 성장 과정에 관해 중요한 지점만 짚어가며 빠르게 알아보겠습니다.

일본은 19세기 후반부터 근대화와 산업화를 동시에 이루는 한편 아시아에서 가장 빠르게 민주주의의 기틀을 마련한 국가로 평가받습니다. 일본은 1868년 메이지 천황(明治天皇)이 즉위하며 정치, 경제, 사회, 문화 등 다방면에 걸친 전 국가적 개혁을 시행했는데요. 이를 메이지 유신(明治維新)이라고 합니다. 메이지 천황의 치세 아래 국가를 통째로 새로이 했다는 뜻이지요.

일본은 메이지 유신을 계기로 미국과 유럽 여러 나라를 비롯한 서구권 국가를 모방하며 근대 국가의 모습을 갖추어 나갔습니다.

당시 일본은 약 250년간 실질적 권력을 독점한 사무라이(侍) 정권인 도쿠가와 막부(德川幕府)에 의해 통치되고 있었는데요. 메이지 유신과 함께 막부는 역사의 뒤안길로 사라졌고, 그 자리에 메이지 '신정부'(新政府)가

〈다카나와 부근을 통과하는 동행 행렬〉*

ⓒ 일본 궁내청 능서부 궁내공문서관[B]

---

* 메이지 천황은 1868년 음력 7월 17일, 도쿠가와 막부의 본거지 에도(江戶)를 도쿄(東京)로 개칭하고 그곳에서 정무를 보겠다 선언했습니다. 이는 여태껏 일본을 통치하던 막부의 종말을 알림과 동시에 천황에 의한 직접 통치가 본격적으로 시작했음을 의미했습니다. 그는 음력 9월 20일, 3,300여 명의 신하를 거느린 채 고도(古都) 교토(京都)를 떠나 도쿄로 행차했습니다. 이를 '도쿄 동행'(東幸) 또는 행행(行幸)이라 합니다. 그림은 메이지 천황의 행차 당시 도쿄 외곽의 다카나와(高輪) 지역을 통과하는 모습을 묘사하고 있습니다.

일본 정치 훑어보기

새로이 등장했습니다. 이때를 기점으로 일본은 허리춤에 칼을 찬 사무라이의 나라에서, 천황을 중심으로 한 제국주의 국가로 변모합니다.

메이지 정부는 1889년 「대일본제국헌법」을 제정하고 이듬해인 1890년 의회를 개설하였는데요. 이때부터 일부이기는 하나 국민에게 참정권이 부여됩니다. 동년 7월 1일, 의회 개설을 계기로 치러진 역사상 첫 중의원 총선거는 93.7%라는 엄청난 투표율을 기록했는데요. 당시 선거권은 국세를 15엔 이상 납세한 25세 이상의 남성에게만 주어졌고, 피선거권 역시 15엔 이상 국세를 납세한 30세 이상의 남성에게만 허락됐습니다. 납세액과 나이, 성별에 제한이 있었기 때문에 당시 선거에 투표할 수 있었던 유권자는 전 국민 중 약 1.1%에 불과했다고 합니다.

최초의 중의원 총선거와 같은 해 11월에는 현재의 참의원에 해당하는 귀족원이 설립되는데요. 천황의 핏줄을 이어받은 황족(皇族)과 메이지 유신 이전 다이묘 등 귀족으로 구성된 화족(華族) 그리고 국가에 공로가 있거나 학식을 갖춘 자 중 천황의 임명을 받은 칙임의원(勅任議員)으로 구성되었습니다. 참고로 귀족원의 초대 의장은 이토 히로부미(伊藤博文)였습니다.

나라의 모든 권한은 여전히 천황 한 사람에게 몰려 있기는 했습니다만, 의회 개설을 계기로 선거라는 민주주의적 제도가 실천되었고, 내각이 구성되고 정당이 출현하는 등, 오늘날 우리에게 익숙한 일본 정치의 토대가 마련되었다고 볼 수 있겠습니다.

메이지 천황에 이어 즉위한 다이쇼 천황(大正天皇) 시대에는 이른바 '다이쇼 데모크라시'(大正デモクラシー)의 풍조가 일본 열도를 휩쓸었는데요. 다이쇼 데모크라시는 1910~1920년대 일본에서 일어난 민주주의,

자유주의 사조를 말합니다.

당시 세계는 청나라에서 '신해혁명'이 일어나고 러시아에서 '볼셰비키 혁명'이 일어나는 등 대단히 역동적이고 급진적인 정세 속에 휘말려 있었습니다. 이런 국제적 흐름 속에서 일본 역시 자유를 추구하는 경향이 강해졌고, 다양한 이데올로기를 표방하는 정치운동과 더불어 사회운동, 노동운동 등 대중운동이 활발히 일었습니다.

전쟁 끝 민주주의 시작

일본의 정치는 태평양 전쟁이 끝난 1940년대 후반 들어 새로운 전기를 맞이합니다. 이전까지 일본의 민주주의는 1930년대부터 대두된 군부 파시즘과 태평양 전쟁으로 집단적 광기에 휩싸이며 한껏 위축되어 있었는데요. 1947년 미국을 필두로 한 연합국의 점령 통치하에 제정·시행된 신헌법(新憲法) 즉 현행 「일본국헌법」을 근거로 확고한 지위를 확보하게 됩니다.

신헌법은 전전(戰前)까지 현인신(現人神)이라 불리며 신적 존재로 추앙받던 천황을 "국민 통합의 상징적 존재"로 낮추었으며, 국가의 주권은 천황 한 사람이 아니라 국민 모두에게 있음을 명문화했습니다. 이로써 천황과 군부의 실력자들이 꼭 틀어쥐고 있던 국가 통치의 전권(全權)이 입법기관이자 국권의 최고기관인 국회로 넘어가게 되었습니다. 국회는 국무총리대신(国務総理大臣)을 선출하여 총리로 하여금 내각을 구성하고 행정부의 모든 역할을 담당하게 했습니다. 주권이 온전히 국민에게 주어졌으니, 이때야 진정한 의미에서의 민주주의가 작동하기 시작했다고 볼 수 있겠죠.

한바탕 개혁의 바람이 불며 정당(政黨)의 자유로운 활동이 보장되자, 전

근대부터 실력을 쌓아온 일본 열도 각지의 명망가부터, 뜻을 함께하는 민중의 결사까지, 수많은 정당이 우후죽순 생겨나기 시작했습니다. 새로운 헌법을 제정한 뒤 처음으로 치러진 제23회 중의원 총선거를 살펴보면 당시 상황을 알 수 있습니다.

선거에서 승리하며 143석을 확보해 제1당으로 오른 일본사회당(日本社会党)이나, 제2당인 일본자유당(日本自由党)을 비롯해 일본민주당(日本民主党), 국민협동당(国民協同党), 일본농민당(日本農民党), 일본공산당(日本共産党) 등 수많은 정당이 원내 진출을 이뤘습니다. 통계에는 '기타 정당'으로 묶이는 소수 세력도 눈에 띄는데요. 신일본건설동맹(新日本建設同盟)이라는 독특한 이름의 정당부터 후쿠오카농촌청년동맹(福岡県農村青年同盟)이나 돗토리현농민총동맹(鳥取県農民総同盟), 아키타현민주당(秋田県民主党)과 같이 지역정당·정치단체도 유권자의 선택을 받았습니다.

이들처럼 난립한 정당들은 큰 틀에서 천황제를 유지할 것이냐, 자본주의 경제체제를 수호할 것이냐, 미국을 비롯한 서방과의 안보 협력 체제를 유지할 것이냐를 두고 찬반 논쟁을 벌이며 보수파 진영과 혁신계 진영으로 나뉘었습니다. 보수파의 대표인 자유당은 천황제와 자본주의 체제를 그대로 유지하자고 주장했고, 혁신계의 대표인 사회당은 천황제와 정치적 민주주의는 유지하되 자본주의가 아닌 사회주의를 채택해야 한다고 주장했죠. 그 밖에도 천황제를 타도하고 태평양 전쟁의 책임을 천황에게 추궁하는 등 급진적 의제를 들고 일어선 공산당도 한 축을 담당하고 있었으니, 실로 정치적 격동의 시기라는 말이 어울리는 상황이었습니다.

정치의 근간 '55년 체제'

만년 야당 사회당

끝없이 이어질 것만 같았던 일본 정계의 혼란을 잠재운 건 다름 아닌 사회당의 통합이었습니다. 사회당은 1951년 태평양 전쟁의 전후 처리를 위해 미국 샌프란시스코에서 세계 48개국이 모여 체결한 이른바 '샌프란시스코 강화조약'과 이와 동시에 체결한 미국과 일본의 동맹 조약인 '미일안전보장조약'을 두고, 받아들이자는 우파와 반대해야 한다는 좌파로 갈라져 있었습니다. 이들은 1955년 10월 당대회에서 통합을 선언하기까지 약 4년간 서로 다른 정책을 내걸며 영향력 확장에 힘썼고, 심지어는 선거도 따로 치르는 등 말 그대로 '한 지붕 두 가족'으로 지냈습니다.

당시 국제 정세는 제2차 세계대전 이후 미국과 소련 간의 냉전이 본격적으로 시작되고 있었습니다. 미국은 전 세계로 뻗어나가는 공산주의·사회주의의 팽창을 억제하고자 '반공주의' 노선을 채택했습니다. 이에 따라, 샌프란시스코 강화조약 이전까지 일본의 실질적 통치를 맡고 있던 연합군 최고사령부(GHQ: General Head Quarters)는 일본의 '보수화'를 추진하기에 이릅니다.

GHQ는 전쟁 이후 군사력을 확보할 수 없게끔 되어 있던 일본이 재무장의 길로 나아갈 수 있도록 길을 터주고, 태평양 전쟁의 전범(戰犯)을 포함하는 군벌·보수파 인사를 대거 정계로 복귀시켰죠. 친소련 성향의 사회당을 견제하기 위해 감시 활동을 강화하는 한편 일본 내 친미 세력의 확장을 촉진하기도 했습니다. 이렇게 과거로 회귀하는 미국과 일본의 행보를 '역코스'(逆コース, Reverse Course)라고 부릅니다.

미국의 후원에 힘입어 보수 세력이 영향력을 확대하자 혁신 세력의 주축인 사회당은 위기감을 느끼게 됐습니다. 좌파와 우파로 분열되어 있던 사회당은 평화 헌법의 수호와 재무장 반대 등을 주장하며 1955년 10월 통합을 이루어냅니다. 혁신계 대통합을 발판으로 정권을 빼앗아 오겠다는 정치적 계산도 배경에 깔려 있었습니다. 실제로 가능해 보이기도 했습니다.

당시 일본의 정치권력은 전쟁 종식으로부터 약 10년간 보수파 특히 요시다 시게루(吉田茂) 총리를 필두로 한 보수 본류(保守本流) 세력이 틀어쥐고 있었습니다만, 그 밖에 하토야마 이치로(鳩山一郎)를 중심으로 한 일본민주당이나 기시 노부스케(岸信介)로 대표되는 옛 군부 인사 등 보수파 여러 세력은 여전히 통합하지 못하고 힘이 분산되어 있었기 때문이죠. 분열한 보수 세력이 힘을 합치지 전에 서둘러 따돌리기 위해서라도 혁신계 대통합은 필수적이었습니다.

절대권력 자민당

사회당의 대통합에 위기를 느낀 보수파는 개헌·보수·안보를 핵심 가치로 한 데 모여 곧장 자유민주당(自由民主党)을 창당합니다. 이 과정을 보수합동(保守合同)이라 하며, 이때 탄생한 자유민주당이 오늘날 우리에게도 익숙한 '자민당'(自民党)입니다.

일본 정치를 대표하는 사회당과 자민당, 두 정당이 나란히 1955년에 만들어졌으니, 이를 두고 '55년 체제'라고 부릅니다. 이후 일본 정치는 자민당과 사회당이라는 두 개의 커다란 기둥 위에 역사를 쌓아갑니다. 주류인 자민당이 의회 의석의 과반을 점하고 사회당이 자민당의 절반 정도의 의석을 가져가는 2:1의 세력 구도 '55년 체제'가 40년 가까이 이어지게 되죠.

흔히 우리나라처럼 두 정당이 의회에서 팽팽한 세력다툼을 전개하는 체제를 '양당제'(両党制)라고 하는데요. 일본 의회에서는 자민당이 압도적인 우위를 점한다고 하여 '1과 2분의 1 정당제'(1 と 2 分の 1 政党制)라는 표현이 등장하기도 했습니다. 사회당을 필두로 한 야당이 1인분도 못 하고 있으니 이들은 2분의 1짜리 정당이다, 즉 0.5인분짜리에 불과하다는 조롱과 한탄이 섞여 있기도 합니다.

'55년 체제' 아래 자민당은 일본의 정치 자체를 주도하게 됩니다. 체제 형성 이후 약 40년간 치러진 모든 중의원·참의원 선거에서 우위를 놓치지 않았거든요. 물론 모든 선거에서 압도적 승리를 기록한 것은 아닙니다. 때때로 지지세가 약해지거나, 1970년대 들어 발생한 '석유 파동'이나 '록히드 사건'[2] 등 내외적 요인으로 인해 주춤할 때도 있었죠. 하지만 많은 우여

곡절에도 불구하고 자민당은 권력의 중심에서 한 번도 밀려나지 않았습니다. 위기를 맞을 때마다 야당이 알아서 무너져 주었기 때문입니다.

단단한 여당과 오합지졸 야당

그렇다면 야당은 무엇을 하고 있었을까요. 자민당의 유일한 대체재이자 유력한 야당인 사회당은 1960년대 들어 다시금 분열합니다. 1955년, 진통 끝에 좌우 통합을 이루었음에도, 자위대의 존재를 인정할 것인지, 미일안보체제를 받아들일 것인지 등 핵심 갈등 사안은 봉합되지 않은 상태였습니다. 사회당의 좌파와 우파는 치열한 당내 투쟁을 거듭했고, 끝내 우파가 집단으로 탈당해 민사당(民社党)으로 독립해 버렸습니다.

이처럼 사회당이 분열하는 사이 불교계 신흥종교 창가학회(創価学会)를 모체로 하는 공명당(公明党)이 의회에 진출했고 종국에는 자민당과 손을 잡아 연립여당을 구성했습니다. 또 그동안 오로지 반체제 운동에만 몰두하던 공산당도 의회주의로 노선을 틀어 영향력을 확대해 나갔습니다.

자민당을 견제하기는커녕 수많은 소수 야당끼리 지분을 나눠 먹기 위해 경쟁하는 모양새가 되었으니 '55년 체제' 이후 자민당은 승승장구를 거듭할 수 있었습니다.

---

2) 록히드 사건(ロッキード事件)은 1976년 일본 제1의 항공사 '전일본공수'(全日本空輸; ANA)의 신규 항공기 선정과 관련해 미국의 항공군수업체인 록히드사가 일본의 전현직 총리를 비롯한 정계의 유력인사들에 대해 거액의 뇌물을 건넨 사건입니다. 일본 정치사의 대표적인 오직(汚職) 사례로, 사건이 마무리된 1980년대 중반, 비리의 핵심에 있던 자민당은 의회 과반 확보에 실패하며 '55년 체제'의 종언을 재촉하게 됩니다.

〈자민당 중심의 주요 정당 변천사〉

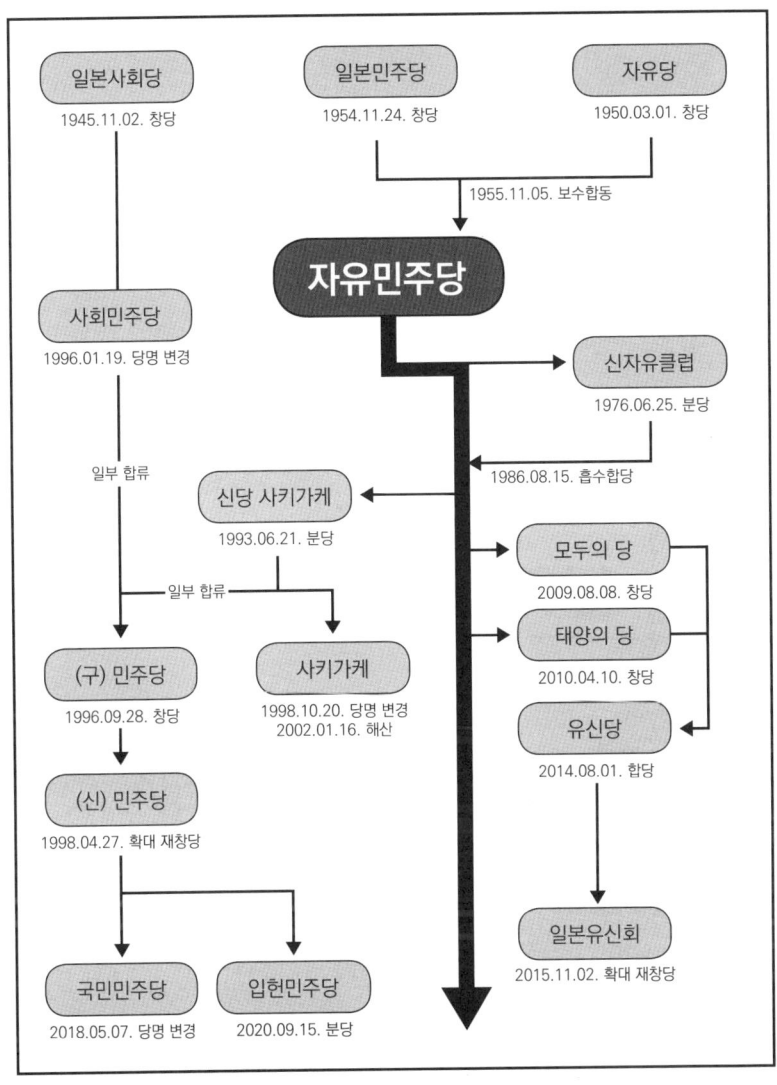

일본 정치 훑어보기

제2장
나가타쵸의 속사정

무소불위 자민당 막부

권력의 씨앗 파벌정치

생존을 건 이합집산

보이지 않는 야당의 그림자

무소불위 자민당 막부

일본의 전성기를 연 자민당

여러분은 '일본의 정치인'이라면 누가 떠오르나요? 우리나라에 익히 알려진 일본 정치인이라면 금방 떠오르는 몇몇 인물이 있는데요. 일본 역사상 최장기간 재임 총리이자 몇 해 전 충격적인 암살 사건으로 세상을 떠난 아베 신조(安倍晋三)나, 최근까지 3년간 총리직을 수행하고 일본 정치의 개혁을 호소하며 '일개 병졸'(一兵卒)로 돌아간 기시다 후미오(岸田文雄)가 대표적입니다.

또 내각관방장관 재임 당시 현재 일본의 연호인 '레이와'(令和)를 발표하며 '레이와 아저씨'로 널리 알려진 스가 요시히데(菅義偉)와 야스쿠니 신사(靖国神社) 참배 강행으로 우리나라에 악명이 높은 고이즈미 준이치로

(小泉純一郎)도 꽤 기억에 남아 있습니다.

기시다, 스가, 아베, 고이즈미. 이들은 모두 일본 정치사에 발자취를 남긴 대표적인 정치인입니다. 언뜻 아무런 상관도 없어 보이는 일본 정치인들의 이름이 주르륵 나오니 고개가 갸우뚱한 분들도 있을 텐데요. 사실 이들에게는 두 가지 공통점이 있습니다. 바로 모두 일본 최고지도자인 총리를 지냈다는 점 그리고 자민당 소속이라는 점입니다. 현직 총리인 이시바 시게루(石破茂)도 자민당 소속이며 기시다, 스가, 아베, 고이즈미 전 총리 모두 자민당 소속의 의원이었습니다.

사실 자민당 소속의 총리가 많다는 사실은 놀랍지 않습니다. 오히려 자민당 소속이 아닌 총리가 훨씬 드문 일이죠. 이시바 총리가 취임한 2024년 10월 2일을 기준으로 보면, 앞선 약 12년간 3명의 총리 모두 자민당 출신입니다. 더 옛날로 돌아가면, 자민당이 창당한 1955년 이래 1993~1994년[3], 2009~2012년[4], 단 4년을 제외하고 약 65년간 자민당 출신의 총리가 집권했습니다.

듣고 보니 참 희한한 일입니다. 우리나라는 5년에 한 번, 10년에 한 번, 이른바 정권교체를 통해 집권 여당이 바뀌는 게 당연한데 일본은 그렇지 않

---

3) 호소카와 모리히로(細川護熙): 일본신당·비자민당의 연립정권(1993~1994),
   하타 쓰토무(羽田孜): 신생당·비자민당 연립정권(1994)

4) 하토야마 유키오(鳩山由紀夫), 간 나오토(菅直人), 노다 요시히코(野田佳彦)
   : 민주당(2009~2012)

으니 말입니다. 혹시 우리나라가 유독 역동적이어서 대통령을 뽑을 때마다 집권 여당이 바뀌는 걸까요? 꼭 그렇지만은 않습니다. 우리나라처럼 대통령제를 채택하고 있는 미국은 물론이고, 프랑스, 영국, 독일 등 전 세계 민주주의 선진국은 모두 심심치 않게 정권교체를 경험하고 있기 때문입니다. 북한이나 중국, 러시아와 같은 나라도 있기는 하지만, 이들은 민주주의 국가가 아니기 때문에 별도의 사례로 봐야 합니다. 그렇다면 우리나라와 같이 민주주의 국가인 일본에서 하나의 정당이 수십 년간 장기 집권하고 있다는 사실은 꽤 독특하고 어찌 보면 이상한 일인데요. 도대체 자민당이 무엇이길래 이렇게나 많은 총리를 배출할 수 있었을까요.

학자들은 대체로 자민당의 성공 요인으로 경제 성장을 꼽습니다. '55년 체제' 이후 자민당이 정권을 잃기 전까지의 약 40년간 일본 경제는 말 그대로 '미친 성장'을 거듭했습니다. 놀라울 정도로 빠르게 성장해 한때나마 G2로 불린 일본의 경제 발전을 비롯해 선진국의 반열에 올라 한껏 풍요를 누린 사회, 미국과의 안보 공조를 통한 평화 정착 등은 부정할 수 없는 자민당의 성과라고 할 수 있습니다. 물론 자민당 혼자 이 모두를 이루었다고 할 수는 없겠습니다만, 그들이 집권하며 이 모든 성과의 기반을 마련하고 과도기를 안정적으로 넘어 현재까지 이어왔다는 데는 별달리 이견이 없을 것입니다.

조금 더 자세히 말하자면, 자민당이 정권을 독식하기 시작한 1955년부터 일본은 이른바 '고도성장기'(高度成長期)에 접어들게 됩니다. 당시 일본에서는, 태평양 전쟁 이후 국가 경제 재건을 위해 쏟아부은 노력이 하나둘 성과를 내기 시작했는데요. 1955년부터 1973년까지의 고도성장기 동안 일본의 경제는 연평균 10%의 실질성장률을 기록하며 폭발적으로 팽창

했습니다. 이후 일본의 최고 전성기인 1980년대 역시 자민당이 경제 정책의 주도권을 쥐고 있었습니다. 자민당의 전성기와 일본의 경제적 전성기가 맞물려 있다 보니, 지금의 일본이 누리는 경제적 과실의 배경에는 자민당의 노력과 성과가 있었다는 인식이 대중에 퍼지게 되었습니다. 물론 1991년 '거품 경제'(バブル経済)가 붕괴한 이후 현재까지의 '잃어버린 30년'(失われた３０年) 역시 자민당이 집권하던 시기와 맞물려 있기에 이에 대한 책임에서 자유롭지는 못합니다.

장기 집권의 어둠

자민당의 장기 집권이 긍정적이기만 한 것은 아닙니다. 이들이 사실상의 '일당독재'를 하는 사이, 민주당을 비롯한 야당을 지지하는 유권자의 목소리는 철저히 소외되었고, 국가 주요 정책을 결정하거나 핵심 인력을 관료사회에 편입시키는 과정에 있어 구조적인 폐쇄성이 두드러졌습니다. 또한 마땅한 견제 세력이 없다 보니 정치적 부패의 만연 역시 늘 꼬리표로 뒤따릅니다.

앞서 언급한 일본의 대표적인 비리 스캔들인 '록히드 사건'만 해도 자민당의 거물급 인사가 두루두루 얽혀 있었습니다. 다나카 가쿠에이(田中角榮) 전 총리가 뇌물수수 및 외환법 위반으로 체포되었고, 자민당과 내각에서 각종 요직을 역임한 하시모토 도미사부로(橋本登美三郎) 운수대신, 향후 자민당 총무회장에 오른 사토 다카유키(佐藤孝行) 운수성 정무차관 등이 부끄러운 이름을 올렸습니다. 참고로 이 사건을 계기로 자민당을 비롯해 정재계 거물급 비리 인사를 소탕한 도쿄지방검찰청이 '신뢰할 수 있는 국가기관' 1위로 인기를 얻게 됐습니다.

이처럼 자민당의 치세가 길어지면 길어질수록 지도자들은 도덕적으로 나태해졌습니다. 시대의 변화에 따라가지 못하고 있다는 지적도 끊이지 않았죠. 어쩐지 사무라이 정권의 말기적 행태와 비슷한 모습이 느껴집니다. 요즘에도 종종 들리는 "일본은 여전히 자민당이라는 막부에 의해 통치되고 있다"라는 자조 섞인 농담이 마냥 농담만은 아닌가 봅니다.

'자민당 막부'가 장기간 집권하며 일본의 권력을 맨 꼭대기에서부터 가장 밑바닥까지 온통 틀어쥐고 있다 보니 어느 순간 '자민당 총재'와 '일본국 총리'는 동의어로 받아들여지게 되었습니다. 일본의 최고지도자인 총리는 직접선거가 아닌 국회의원에 의한 간접선거로 뽑기 때문입니다. 국회의원의 절대다수는 오랜 기간 자민당이 점하고 있으니, 결국 자민당의 의사에 따라 일본의 총리가 바뀌게 되는 것이죠.

일본의 헌법은 국회의원 중 국회의 의결을 통해 지명된 인물이 천황에 의해 내각총리대신으로 임명된다고 규정하고 있습니다. 천황의 임명권 행사는 형식적인 문제이니, 결국 국회에서 과반의 동의를 얻은 사람이 총리가 되는 셈입니다.

문제는 태평양 전쟁 이후 현재까지 아주 짧은 몇 해를 제외하고, 자민당이 국회에서 압도적 과반을 차지하고 있다는 점입니다. 야당에 아무리 훌륭한 인물이 있더라도 자민당의 동의를 얻을 수 없으니 무슨 수를 써도 총리가 되지 못합니다. 반대로 야당이 아무리 반대하더라도 자민당이 과반의 힘으로 밀어붙인다면 막을 도리가 없습니다. 실제로 자민당의 70년 역사를 통틀어 총재이지만 총리직에 오르지 못한 사례는 고노 요헤이(河野洋平)와 다니가키 사다카즈(谷垣禎一) 단 두 사람뿐입니다.

〈고노 요헤이〉　　　　〈다니가키 사다카즈〉

ⓒ Wikipedia; CMC^{C)}, LDP^{D)}

 고노 요헤이는 일본군 위안부 문제에 일본군의 직간접적 관여를 인정한 '고노 담화'로 우리에게도 익히 알려진 인물로, 역대 최장기간 중의원 의장을 지낸 거물급 정치인입니다. 1976년 '록히드 사건'을 계기로 자민당을 탈당해 '신자유클럽'을 창당하는 등 개혁적 보수의 면모를 보인 바 있죠. 그는 호소카와·하타 내각 당시인 1990년대 초 자민당 총재를 지냈습니다만, 야당의 총재였기 때문에 '총재=총리'라는 등식은 작동하지 않았습니다.
 다니가키 사다카즈는 과학기술청 장관과 재무대신, 국토교통대신 등을 역임한 인물로 자민당의 핵심 요직인 정무조사회장을 거쳐 2009년 9월 당 총재에 올랐습니다. 하지만 2009년부터 2012년까지는 민주당이 집권하

나가타쵸의 속사정

고 있던 탓에 총리가 될 수는 없었습니다. 2012년 자민당이 정권을 되찾고는 아베 신조가 신임 총재로 총리에 올랐으며, 아베 내각 아래 법무대신과 자민당 간사장을 지낸 뒤 2017년 9월 정계를 은퇴했습니다.

이 때문에 일본 국회는 사실상 여야 간 대결이 아니라 자민당 내 알력 다툼이라고 불립니다. 거대한 권력 집단인 자민당에 대항해 마땅히 싸울 수 있는 야당이 없다 보니, 자민당 내부의 갈등이 여당 속 야당의 역할을 대신하는 셈이죠. 누구를 총리로 만들 것이냐, 누구를 대신(大臣)으로 삼고, 누구의 정책에 힘을 실어줄 것이냐. 일본의 국운이 걸린 국회의 향방은 모두 '자민당 막부'의 손에 달려 있습니다. 그리고 자민당 거대한 권력의 배경에는 '파벌'이 있습니다.

〈최근 30년 역대 일본국 내각총리대신〉

대수	이름	정당	임기	비고
80	하타 쓰토무 (羽田孜)	신생당	94.04.28. ~ 94.06.30.	역대 최단기 총리 2위 (64일)
81	무라야마 도미이치 (村山富市)	일본사회당	94.06.30. ~ 96.01.11.	식민지배 사과 무라야마 담화 발표
82·83	하시모토 류타로 (橋本龍太郎)	자유민주당	96.01.11. ~ 98.07.30.	자민당 정권 수복
84	오부치 게이조 (小渕恵三)	자유민주당	98.07.30. ~ 00.04.05.	김대중-오부치 한일 파트너십 공동선언
85·86	모리 요시로 (森喜朗)	자유민주당	00.04.05. ~ 01.04.26.	구설수 '망언' 총리 독도 영유권 주장
87·88·89	고이즈미 준이치로 (小泉進次郎)	자유민주당	01.04.26. ~ 06.09.26.	북일정상회담 야스쿠니신사 참배
90	아베 신조 (安倍晋三)	자유민주당	06.09.26. ~ 07.09. 26.	전후 최연소 총리(51세) 1차 집권기
91	후쿠다 야스오 (福田康夫)	자유민주당	07.09.26. ~ 08.09.24.	역대 최초 부자 총리 (父 후쿠다 다케오)
92	아소 다로 (麻生太郎)	자유민주당	08.09.24. ~ 09.09.16.	서브프라임 사태 △12% 최악의 역성장
93	하토야마 유키오 (鳩山由紀夫)	민주당	09.09.16. ~ 10.06.08.	민주당 출신 첫 총리
94	간 나오토 (菅直人)	민주당	10.06.08. ~ 11.09.02.	동일본대지진 발생 재일교포 정치자금 논란
95	노다 요시히코 (野田佳彦)	민주당	11.09.02. ~ 12.12.26.	일본군 위안부 부정 독도 영유권 주장
96·97·98	아베 신조 (安倍晋三)	자유민주당	12.12.26. ~ 20.09.16.	역대 최장수 총리 1위 (7년 266일)
99	스가 요시히데 (菅義偉)	자유민주당	20.09.16. ~ 21.10.04.	레이와 시대 첫 총리
100·101	기시다 후미오 (岸田文雄)	자유민주당	21.10.04. ~ 24.10.01.	보수 본류 파벌 '굉지회' 30년만의 총리직 탈환
102·103	이시바 시게루 (石破茂)	자유민주당	24.10.01. ~ 현직	역대 최다 4전 5기 당선 무파벌 아웃사이더

나가타쵸의 속사정

여당 속 야당, 야당 속 여당

   파벌(派閥; Faction)의 사전적 정의는 "개별적인 이해관계에 의해 따로 갈라진 사람의 집단"입니다. 우리는 흔히 한 사회나 한 단체에서 발생하는 여러 갈래의 집단을 파벌이라고 부릅니다. 그렇다고 아무런 목적 없이 삼삼오오 모여서 뭉쳐 다니는 행동 자체를 파벌이라고 부르지는 않는데요. 파벌은 '나의 이익'과 '우리의 이익'을 위해 한데 뭉친 집단을 뜻하기 때문입니다.
   파벌이라는 단어를 들으면 언뜻 부정적인 인상을 떠올리기 십상입니다. 아무래도 그들만의 이익을 위해 이기적으로 행동하며 '앞에서 끌어주고 뒤에서 밀어주는' 파벌 또는 계파, 이너서클(Inner Circle)의 모습을 많이 보아왔기 때문이겠죠.

저는 파벌이라는 단어를 보면, 이문열 작가의 소설 《우리들의 일그러진 영웅》(1987)에서 주인공 엄석대가 교실 안에 파벌을 만들어 약자를 괴롭히고 선생님의 권위를 무너뜨리는 모습이 딱 떠오릅니다. 그러나 흔히 세 사람이 있으면 두 개의 파벌이 필연적으로 발생한다는 말이 있는 것처럼, 파벌은 여러 사람이 함께하는 환경이라면 일반적으로 일어나는 현상입니다.

정당 역시 사람의 모임이다 보니 파벌은 반드시 존재합니다. 한정적인 자원을 어떻게 나눠 먹을 것이냐를 두고 박 터지게 싸우는 것이 정치의 본질이기 때문에, 조금이라도 더 발언력을 확보하기 위해 적극적으로 파벌을 형성하고 운용하는 건 굉장히 당연한 일이라 할 수 있습니다. 말하자면, 파벌의 존재를 대놓고 드러내느냐, 숨겨두고 물밑에서 몰래몰래 이용하느냐의 차이만 있을 뿐입니다.

일본 정계에도 파벌이 존재합니다. 자민당의 파벌은, 규모는 물론이고 조직력·동원력 면에서 어지간한 정당에 뒤지지 않을 정도로 강력한 힘을 가지고 있으며 독자적인 기능도 원활히 수행하고 있습니다. 우리나라 정계에도 파벌이라 부를 만한 집단이 몇몇 있었습니다. 과거 민주화 운동의 두 거목인 김영삼 전 대통령의 '상도동계'와 김대중 전 대통령의 '동교동계'가 대표적이죠. 그밖에 이명박, 박근혜, 노무현, 문재인 등 권력자와의 친분을 과시하며 '친이·친박·친노·친문'이라 불리던 집단이 여러 차례 등장하고 사라졌습니다. 하지만 이들 '계파'와 자민당의 '파벌'은 성격이 너무나도 다릅니다.

우리나라 정치사에 기록된 계파들과 자민당 내 파벌의 가장 큰 차이점

나가타쵸의 속사정

은 바로 '집단으로서의 실체를 지니고 있느냐'입니다. 앞서 언급한 상도동계나 동교동계 그리고 '친○ 시리즈' 등 이른바 계파 정치 집단은 소속 인원 상호의 인식에 기반하여 형성되고 운영됐습니다.

또 특정 현안에 대한 찬반 여론을 중심으로 수시로 헤쳤다 모이기를 반복하는 특성이 있죠. 쉽게 말해 "너와 나는 같은 편이구나", "쟤는 남의 편이구나"라는 인식을 서로가 공유하며 자연스럽게 만들어진 느슨한 집단이라는 뜻입니다. 이 때문에 특정 계파에 '가입'했다거나 '탈퇴'했다거나, 계파를 '창설' 혹은 '해산'했다는 표현을 쓰지 않습니다. 오로지 계파가 있는지 없는지 둘 중 하나죠.

그러나 자민당의 파벌은 다릅니다. 이들은 당 속의 또 다른 당으로서 실체를 갖고 있습니다. 각 파벌은 그 수장을 대표자로 하는 '정치 집단'으로서 총무성(総務省)에 등록되어 있으며, 정당과는 별개의 회계담당자를 두고 자신들만의 정치자금을 관리합니다. 정치자금의 지출보고서 작성도 따로 하고 정부에 대한 제출 의무도 따로 집니다. 이에 더해 유력 정치인은 개인을 위한 정치단체도 따로 존재합니다.[5]

---

5) 이러한 특성은 2024년 자민당에서 발생한 '정치자금 파티 문제'에서 요긴한 역할을 합니다. 당시 일부 파벌의 정치자금 지출보고서에 날조 또는 누락이 대규모로 있었다는 의혹을 둘러싸고 자민당 전체에 대한 비난 여론이 확산했는데요. 당에서는, 각 파벌이 당과 별개의 조직을 갖추고 정치자금을 관리하고 있었다며 "정치자금에 문제가 생긴 것은 파벌의 책임이지 정당의 책임은 아니다"라는 논리를 들어 책임을 회피했죠. 실제로 자민당 자체가 무너질 수 있을 정도의 커다란 사건이었지만 몇몇 파벌이 해산하는 정도로 마무리됐습니다.

참고로 우리나라에서 정당을 말하자면 집단이 위에서 아래로 개별 정치인을 포괄하는 이미지를 떠올리기 쉬운데요. 일본은 막대한 영향력을 가진 개인이 하나둘씩 모여 집단을 형성하고 그들이 다시 모여 정당이라는 울타리를 구성하는 형세입니다.

종종 자민당 안에서 유력한 인물 두어 명이 세력을 갈라 투쟁하는 모습을 볼 수 있는데, 이는 일본 정치에 있어 정당보다는 유력한 개인이 더 큰 영향력을 갖고 있음에 기인합니다. 한 지붕 아래 한솥밥을 먹고 있지만, 세세하게 뜯어보면 모두가 견제와 감시라는 '야당의 역할'을 하고 있는 셈이죠.

파벌의 형성과 권력 다툼

일본의 정치학자 다카야스 겐스케(高安健将)는 자민당을 "파벌의 집합체"라고 말합니다. 애초에 자민당은 사회당의 재통합에 따른 정권교체를 방어하기 위해 여러 보수정당이 결집하며 탄생했기 때문에 파벌의 형성은 필연적이었습니다. 요시다 시게루의 자유당과 하토야마 이치로의 민주당이 보수 대통합을 이룩하는 과정에서 사토파(佐藤派), 이케다파(池田派) 등 자유당계 주류 세력이 보수의 본류(本流)를 자처했고, 그 대척점에 있던 기시파(岸派), 고노파(河野派), 미키파(三木派) 등이 보수의 곁가지, 방류(傍流)로 분류되며 당내 당의 역할을 맡았습니다. 상황이 이러하니 오히려 따지고 보면 "자민당 내에 여러 파벌이 형성되었다"라고 하기보다는, 애초에 "여러 파벌이 모여 자민당을 이루었다"라고 하는 게 올바른 표현일지도 모르겠습니다.

⟨요시다 시게루⟩　　　　⟨하토야마 이치로⟩

ⓒ 일본 총리관저 ᵀ⁾

파벌의 영향력은 1970년대를 전후로 확대되었습니다. 이때부터 각 파벌의 구성원들은 영수를 비롯한 간부를 통해 간접적으로 소통하며 상호 집단행동을 견제하기 시작합니다. 그리고 파벌 자체가 힘을 가진 한 사람을 중심으로 모인 느슨한 집단에서 이권과 자금, 직책 등을 체계적으로 나눠 갖는 제도적 집단으로 변모하게 됐죠. 특히 이전까지 중소 규모로 흩어져 있던 파벌들이 삼삼오오 모이며 '삼각대복중'(三角大福中)이라 불리는 다섯 개의 대형 파벌로 재편되며 자민당 파벌의 역사는 새로운 장을 열게 됩니다.

'삼각대복중'은 다섯 파벌 수장의 이름에서 한 글자씩 따서 만든 조어인데요. 각각 미키 다케오(三木武夫), 다나카 가쿠에이(田中角栄), 오히라 마사요시(大平正芳), 후쿠다 다케오(福田赳夫), 나카소네 야스히로(中曾根康弘)입니다.

'삼각대복중' 자민당 5대 파벌은 1964년부터 1972년까지 7년 8개월간 재임하며 자민당의 최전성기를 이끌었던 사토 에이사쿠(佐藤栄作)의 후계를 둘러싸고 대립하며 순차적으로 권력을 지배했습니다. 1972년 총재선거에서 나카소네가 출마를 철회하고 다나카를 지지한 탓에 한때나마 '삼각대복'의 구도가 되기도 했습니다만, 종국에는 나카소네까지 총리를 맡으며 다섯 파벌의 수장 모두 일본의 최고지도자를 경험하게 됩니다.[6]

이들 중 다나카와 후쿠다 두 사람의 피 튀기는 당내 투쟁을 별도로 떼어내 '각복전쟁'(角福戦争)이라 부르기도 합니다. 짧게는 10년, 길게는 15년에 걸쳐 반복된 권력 투쟁은 약속과 거짓말, 배신과 암약 그리고 뇌물로 얼룩졌습니다. '각복전쟁'에서 승리한 다나카는 2년간의 짧은 총리 임기를 마친 뒤에도 1990년 정계 은퇴를 선언하기까지 '어둠의 쇼군'(闇将軍)으로 군림하며 일본 정계를 좌지우지했습니다. 반면에 패배한 후쿠다는 한

---

6) 나카소네를 제외한 미키, 다나카, 오히라, 후쿠다, 네 사람은, 나카소네가 정계에 두각을 나타내기 이전부터 자민당의 주요 실권을 두루 섭렵하고 있던 인물들인데요. 이들은 이미 내각에서 외무대신이나 대장대신, 관방장관을 지냈고 당 요직인 간사장을 경험하기도 했습니다. 하지만 재미있게도 다나카, 미키, 후쿠다, 오히라, 네 사람은 오랜 준비와 투쟁 끝에 총리에 올랐음에도 재임 기간은 기껏 2년 남짓에 불과했습니다. 반면에 가장 마지막에 기회를 잡은 나카소네는 장장 6년간 총리 자리를 유지했습니다.

차례 총리를 지낸 뒤 재선을 위한 총재 예비선거에서 참패하고는 당내 비주류 세력으로 정치 인생을 마감하게 됩니다. 다만 뒤이어 선거구를 세습한 아들이 총리에 오르고 손자까지 5선 중의원을 지냈으니, 대대손손 번창한 후쿠다 가문이야말로 진짜 승리자라고 볼 수도 있겠습니다.

반란, 분열 그리고 권력의 교체

자민당의 파벌은 1990년대 후반 다시금 변혁을 맞이합니다. 일본 보수 본류의 시조인 요시다 시게루의 정치적 후계자들은 일찍이 굉지회(宏池会)를 구성해 자민당 내 권력을 독점했는데요. 1998년 당시 굉지회의 수장은 미야자와 기이치(宮沢喜一) 전 총리에서 가토 고이치(加藤紘一)로 넘어가고 있었습니다. 하지만 직전 참의원 통상선거에서 패배하며 자민당 간사장 직에서 물러났던 가토가 돌연 미야자와의 후임이 되어 굉지회 회장에 오른다니, 내부 반발은 당연했습니다. 고노 요헤이, 아소 다로(麻生太郎) 등 실력자들이 이탈해 각각 대용회(大勇会), 지공회(志公会) 등 별도의 파벌을 차리며 독립했고, 이로써 보수 본류의 흐름에 분열이 나타나기 시작했습니다.

궁지에 몰린 가토는 몇 해 뒤인 2000년 말, 경쟁자인 모리 요시로(森喜朗) 총리를 내각에서 끌어내리고자 야심 차게 '가토의 난'(加藤の乱)7)을 일으켰으나 성공하지 못했고, 이 결과 보수 방류의 슈퍼스타인 고이즈미 준이치로가 총리에 오르게 됩니다. 1955년 자민당 창당 이래 보수 본류에서 독점하던 당내 권력이 이윽고 방류로 방향을 틀게 된 순간입니다. 가토와 그의 오랜 친구인 야마사키 타쿠(山崎拓)가 일으킨 내란은 단순히 자민당

⟨다나카 가쿠에이⟩ ⟨후쿠다 다케오⟩

ⓒ 일본 총리관저 F)

---

7) 2000년 4월, 오부치 게이조(小渕恵三) 총리가 뇌경색으로 혼수상태에 빠지자, 아오키 미키오(青木幹夫) 관방장관은 총리대리가 되어 임시각료회의를 열고 내각총사퇴를 선언했습니다. 다음날 자민당은 의원총회를 통해 후임 총재 모리 요시로를 내정했는데요. 모리 신임 총리는 그해 말, 정통성의 부실과 여러 차례 반복된 실언으로 지지율이 15% 부근까지 후퇴하고 맙니다. 가토는 이를 빌미로 본인의 파벌 굉지회를 움직여 야당과 손을 잡고 모리 총리를 끌어내리기로 합니다. 하지만 내각불신임 결의안 투표 결과 찬성 190표, 반대 237표로 가토의 반란은 고작 열흘 만에 진압되었습니다. 이때 몰락한 굉지회는 2021년 기시다 후미오 총리를 배출하기까지 약 20년간 당내 비주류의 길을 걷습니다.

나가타쵸의 속사정

내 권력 다툼으로 끝나지 않았습니다. 기시 노부스케를 시작으로 이어진 보수 방류가 권력을 잡으며 고이즈미 준이치로와 아베 신조라는 강골 총리를 배출하였고, 종국에는 일본 정계 우경화를 부추긴 셈이 되었습니다.

민심보다 중요한 당심

살펴본 바와 같이 파벌의 진가는 지도자를 고를 때 드러납니다. 앞서 자민당의 장기 집권에 관해 서술하며, 자민당의 총재는 곧 일본의 총리를 의미한다고 했는데요. 자민당의 총재가 되기 위해서는 힘센 파벌의 지원사격이 필수적입니다. 달리 말하자면, 자민당 내 각 파벌의 이해관계에 걸맞은 인물이 파벌의 입맛에 맞게 선발되어 총재가 되고, 총리에 오르는 것이지요. 이 때문에 일본의 정치는 "여론과 심각하게 괴리되어 있다"라는 평가를 받습니다.

실례로 지난 2021년 제27대 자민당 총재선거 당시, 선거 직전 일본 뉴스 네트워크 《JNN》이 발표한 차기 총리 지지율 여론조사에서 기시다 후미오는 고작 18%를 얻는 데 그쳤고, 반면에 고노 다로는 47%를 기록하며 과반에 근접했습니다. 우리나라 대통령 선거에서 이 정도로 벌어진 스코어가 나왔다면 이미 끝난 게임이라고 생각했을 터입니다. 하지만 선거 결과 총재에 오른 사람은 기시다였죠. 1차 투표와 결선투표에서 중참 양원 국회의원의 표를 고노보다 더 많이 확보했기 때문에 승리할 수 있었습니다. 반면에 당원 투표수는 고노가 압도적으로 많았죠.

이처럼 여론과 정치가 괴리되는 건 어제오늘 일이 아닙니다. 거칠게 말해 1950년대 이후 현재까지 꾸준히 반복해 왔다고 할 수 있습니다. 일본 정치 특성상, 국정을 안정적으로 이끌기 위해서는 다수 국회의원의 지지를 필수적으로 확보해야 하는 만큼, 총리는 국회의원의 집단인 파벌의 눈치를 볼 수밖에 없습니다. 총리가 되려면 파벌의 힘이 필요하고, 총리가 되어서도 파벌의 의중을 살핍니다.

특히 총리를 둘러싼 파벌의 영향력은 총리가 내각을 구성할 때 여실히 드러납니다. 내각의 구성은 '논공행상'의 증명입니다. 총리 옹립에 얼마만큼 이바지했는지에 따라 각 파벌에 돌아가는 권력이 달라지기 때문입니다. 핵심적 역할을 한 파벌의 구성원은 총리와 가까운 자리에, 혹은 총리보다 더 나은 실권을 가진 자리에 앉아 권력을 누립니다. 이처럼 파벌의 크기와 힘에 따라 내각 내 비중이 달라지는 현상을 두고 '파벌 비례대표 내각제'라는 비판이 일기도 합니다만, 한편으로 일본 정치 지형을 읽는 훌륭한 힌트가 되기도 합니다. 일본 언론 역시 내각의 파벌 안배를 분석하며 향후 정부의 정책적 방향성과 권력 투쟁의 향방을 점치곤 합니다.

상황이 이렇다 보니, 만약 총리가 특정 파벌을 홀대하거나 유력 파벌의 의사를 정책에 반영하지 않는 등 소위 고분고분 말을 잘 듣지 않는다면 이해관계를 함께하는 파벌끼리 손을 잡고 총리를 끌어내릴 수도 있습니다. 혹여 총리가 강력한 지도력을 발휘하고자 자기 사람만으로 내각을 채웠다가는 순식간에 벼랑 끝으로 내몰릴 수도 있죠. 좋게 말하자면 우리나라의 '제왕적 대통령'처럼 한 사람이 권력을 독점할 수 없게끔 되어 있다고 말할 수도 있겠습니다만, 결국 유력한 파벌끼리 권력을 나눠 먹고 돌려 먹는 현상은 매한가지입니다.

국회의원은 재선(再選)을 목숨처럼 소중히 여깁니다. 따라서 총리와 내각의 인기가 시들해지거나 자신들의 재선에 도움이 되지 않겠다는 판단이

서면, 국회의원들은 합심하여 총리를 금세 갈아치워 버립니다. 꼭 이것만이 이유라고 할 수는 없겠습니다만, 일본 총리의 평균 재임 기간이 2년 남짓이라는 점을 보면 절로 고개가 끄덕여집니다.

각자의 잇속 계산에 따라 총리를 언제든 끌어내릴 수 있는 환경이 갖추어 있다 보니, 총리는 때때로 의도치 않게 단명하기도 합니다. 자세한 내용은 다음 제3장에서 다루도록 하겠습니다.

살펴본 바와 같이, 총리가 수완이 좋아 임기를 끝까지 채웠다 해도 후계자에게 안정적으로 권력을 이양하고자 한다면 또다시 파벌의 손을 빌려야만 합니다. 일본의 정치인은 정계에 입문하는 순간부터 은퇴하는 그날까지, 말단에서부터 최고지도자에 이르기까지 파벌의 영향력 아래에서 벗어날 수 없습니다.

파벌 정치의 끝

2023년 말, 영원할 것만 같았던 자민당의 파벌 정치에 균열이 생기기 시작했습니다. 사건의 발단은 이보다 꼬박 1년 앞선 2022년 11월 일본공산당의 기관지《아카하타》(赤旗)에서 보도한 '자민당 정치자금 파티 스캔들'에서 비롯됐습니다. 당시《아카하타》는 자민당 내 5개 파벌에서 거액의 정치자금을 받고도 기재를 누락시키는 등 뒷돈 문제가 발생하고 있음을 지적했습니다. 소소한 논란이 반복된 끝에, 이듬해 11월 일본 최대 일간지《요미우리신문》(読売新聞)에서 해당 문제를 파고들어 대서특필하며 전국적인 관심사로 급부상했습니다.

여기에서 말하는 '정치자금 파티'란 알기 쉽게 설명하자면, 특정 정치인의 지지자·후원자 등이 모여 벌이는 파티를 말합니다. 우리나라 정계에서도 종종 볼 수 있는 '출판기념회'와 비슷한 개념이죠. 해당 파티의 입장권은 파티를 주최한 정치인의 사무소에서 유료로 판매하는데요. 즉 입장권 판매 대금이 정치자금으로 모이게 되는 것이죠. 입장권의 가격은 1매당 2만 엔 언저리가 시세로 일컬어집니다.

표면적으로는, 자발적인 입장권 구매가 정치인의 활동 자금으로 순환하는, 대단히 참여적인 직접민주주의의 한 면으로 보이기도 합니다. 그러나 문제는 '자발적인 참여'가 진정으로 자발적이었느냐 하는 의문에서 발생합니다. 요즘 날의 정치자금 파티는 사실상 입장권 '강매'를 거듭하는 형태로 변질되었다는 게 학계의 중론입니다. 참석자들은 당 또는 지역 정치인에게 잘 보이기 위해, 또는 연줄을 대려고, 혹은 정말 어쩔 수 없이 울며 겨자 먹기로 입장권을 구매하고 있습니다. 생각해 보면, 집권 여당의 파벌에서 파티를 벌이겠다는데 굳이 구태여 입장권을 사지 않고 버티는 사람이 얼마나 있을까요. 또 실제로 행사를 개최하지도 않고 문서상으로만 파티가 있었음을 기재하고는 오지도 않을 손님을 위해 판매한 입장권의 수익을 챙겨가는 일도 심심치 않게 발생했다고 전해집니다.

나아가 합계액 20만 엔 이하의 입장권 구매자는 조직과 이름, 금액 등을 정치자금 보고서에 상세히 기재하지 않아도 되게끔 규칙이 정해져 있는 탓에, 돈이 어디에서 나와 어디로 흘러갔는지 도무지 알 수 없는 일이 반복되었습니다.

눈에 보이지 않는 압박을 통해 파티의 입장권을 판 것도 문제지만, 이로 인한 수입을 제대로 기록하지 않았기에 사태는 걷잡을 수 없이 커지게 됐습니다. 《아카하타》는 2018년부터 2020년까지 3년간 59명의 기부자가

장부에서 빠졌고, 눈먼 돈이 무려 2,422만 엔에 달한다고 보도했습니다. 《아사히신문》(朝日新聞)은 자민당 내 가장 유력한 파벌이자 아베 전 총리의 파벌인 '세이와정책연구회'(清和政策研究会)가 2018년부터 5년간 정치자금 파티를 벌인 뒤 소속 의원에게 '킥백'(キックバック) 형태로 돌려준 자금이 5억 엔에 달한다고 보도하기도 했습니다.

'킥백'은 파벌이 개최하는 정치자금 파티의 입장권을 소속 의원이 기업 등에 영업하고, 그 대금을 파벌이 종합한 뒤 해당 의원에게 돌려주는 개념인데요. 누가 입장권을 얼마만큼 구매하였고, 그 돈이 어떻게 특정 의원에게 흘러 들어갔는가를 명확히 기재하기만 하면 「정치자금규정법」상 아무런 문제가 없습니다. 하지만 수입·지출 내역, 구매자 인적사항 등 어떠한 정보도 남기지 않은 채 '뒷돈'이 '킥백'되었기에 문제가 됐습니다.

유례없는 정치자금 스캔들은 자민당의 파벌 정치를 빈사 상태로 몰아넣었습니다. 부정한 방법으로 뒷돈을 축적하는 행태가 특정한 파벌에서 발생한 것이 아니라, 모든 파벌에서 고루고루 일어났던 탓에 좀처럼 수습되지 않았습니다.

이윽고 2023년 12월, 자민당의 총재이자 내각총리대신인 기시다 후미오는 아베파 소속의 각료 4명을 경질하고, 하기우다 고이치, 세코 히로시게, 다카기 쓰요시(高木毅) 등 아베파의 중역 삼인방을 당 요직에서 해임했습니다. 당내 최대 파벌을 숙청함으로써 정치 쇄신의 의지를 보이려 한 것이죠. 하지만 사법의 칼날은 멈추지 않았습니다. 도쿄지방검찰청 특별수사본부는 아베파와 더불어 당 유력인사인 니카이 도시히로(二階俊博) 간사장의 '지수회'(志帥会) 사무실을 강제수사하고 소속 의원들을 불러 조사했습니다.

전방위적으로 전개되는 사법기관의 압박은 파벌의 해체로 연결됐습니다. 2024년 1월 24일, 기시다 총리는 자신의 파벌 '굉지회'(宏池会)의 해산을 선언했고, 아베파와 니카이파 역시 곧장 해산했습니다. 자민당 권력 구도의 근간에 있던 3대 파벌이 앞장서 해산하고 나니, 소수 파벌도 따라 나섰습니다. 모리야마 히로시(森山裕)의 '근미래정치연구회'(近未来政治研究会)는 직접적인 정치자금 부정에 연루되지 않았음에도, 국민으로부터 파벌의 존재가 의문시되고 있다는 점을 들어 파벌 해산을 단행했습니다. 굉지회에서 갈라져 나온 다니가키 사다카즈의 '유린회'(有隣会)와 기시다 내각에서 외무상으로 중용된 모테기 도시미쓰(茂木利光)의 '헤이세이연구회'(平成研究会)는 '정치단체'로서의 파벌을 해산하고, 후보 추천권과 정치자금 관리권이 없는 '정책 그룹'으로서 존속하기로 결정했습니다.

자민당을 한바탕 휩쓴 검은돈의 태풍이 물러나자, '지공회'(志公会)를 제외한 모든 파벌은 사라지게 되었습니다. 지공회는 아베 신조, 아마리 아키라(甘利明)와 함께 '자민당 3A'라 불리며 당내 실권을 틀어쥐고 있던 아소 다로가 회장으로 있는 파벌입니다. 이제 자민당의 미래는 아소의 '지공회'와 이시바 총리로 대표되는 '무파벌' 간의 목숨을 건 권력 투쟁에 달려 있습니다. 자민당은 이번에야말로 진정 국민의 요구에 응답하는 국민 정당이 될 수 있을까요.

자유당계 보수 본류

〈파벌 시조〉 요시다 시게루

〈주산회〉 사토 에이사쿠 — 〈목요클럽〉 다나카 가쿠에이 — 〈경세회〉 다케시타 노보루

〈굉지회〉 이케다 하야토 — 오히라 마사요시 — 미야자와 기이치

자유민주당 파벌 계보

개진당계

〈번촌정책연구회〉 미키 다케오

일본민주당계 보수 방류

〈파벌 시조〉 하토야마 이치로 — 〈춘추회〉 고노 이치로 — 나카소네 야스히로

〈십일회〉 기시 노부스케 — 〈청화회〉 후쿠다 다케오 — 아베 신타로

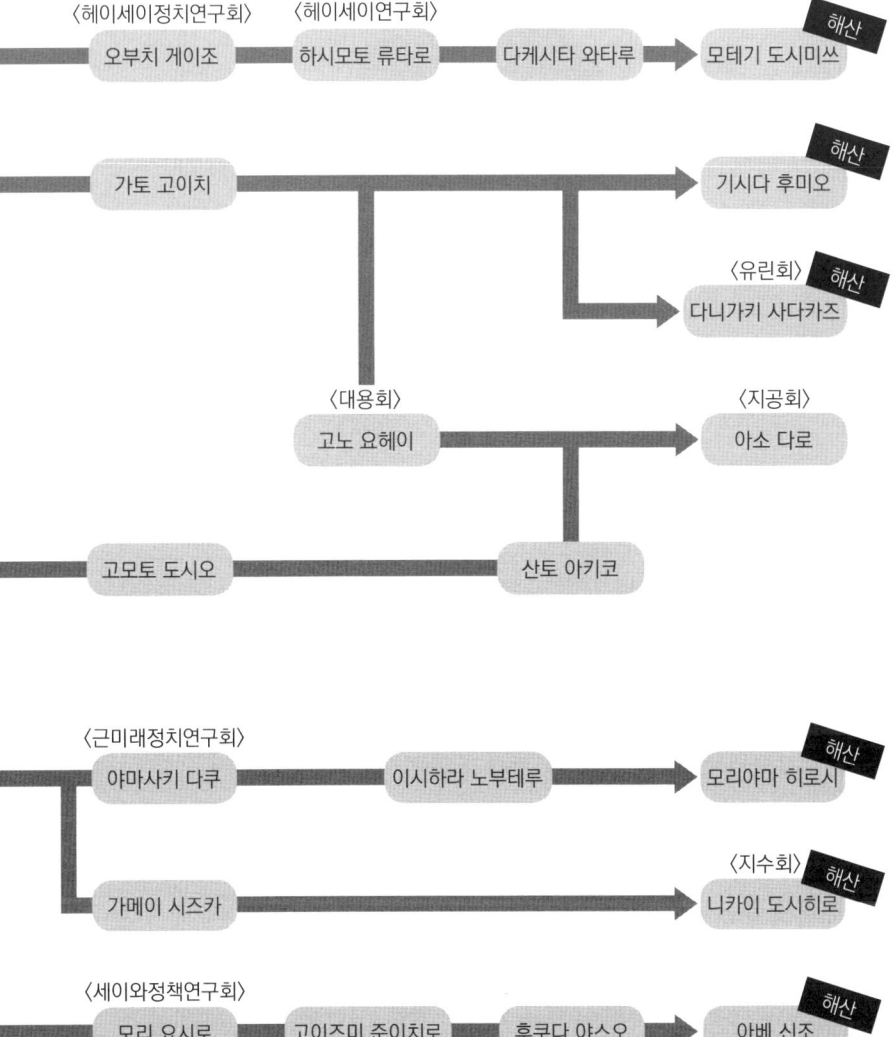

생존을 건 이합집산

하나는 부러지지만 둘은 강하다

일본의 국회에는 '회파'(会派)라는 개념이 있습니다. 의회 내에서의 활동을 함께하는 의원 간의 그룹입니다. 우리나라의 '교섭단체'(negotiation group)에 해당하는 제도죠. 회파에 관해 알아보기 전에 우선 우리나라의 원내교섭단체에 대해 간략히 살펴보고 가겠습니다.

교섭단체는 국회에서 의사 진행에 관한 중요한 안건들을 협의하기 위해 마련된 의원단체로, 우리나라는 「국회법」 제33조에 따라 20명 이상의 의원이 함께할 것을 기준으로 두고 있습니다. 즉 20명 이상의 소속 의원을 보유한 정당은 하나의 교섭단체로 인정되며, 20명 미만의 의원을 보유한 소수 정당이나 무소속 의원은 각각 결집해 별도의 교섭단체를 구성할 수 있습니다, 이론상 20명 이상의 의원이 모이기만 하면 교섭단체를 구성할 수 있으니, 정원 300명의 우리나라 국회에는 최대 15개의 교섭단체가 만들어질 수 있는 셈인데요. 하지만 전통적으로 거대 양당이 원내 세력을 양분하는 우리나라 국회 특성상 원내교섭단체는 많아야 두세 개에 불과합니다. 현재 제22대 국회에는 국민의힘과 더불어민주당, 단 두 개의 교섭단체만 존재합니다. 과거에도 특별한 경우가 아니고서야 대부분의 기간 동안 교섭단체는 거대 여당과 거대 야당 둘 뿐이었습니다.

그렇다면, 기존에 정당이라는 울타리가 있음에도 구태여 왜 교섭단체를 별도로 구성하는 걸까요. 이는 「국회법」에 따라 교섭단체에 수많은 혜택이 주어지기 때문입니다. 정당을 기준으로 혜택을 나누었다가는 거대 정당들이 모든 권력을 독식하게 되니, 20명 이상의 의원끼리 모이기만 하면 나름대로 힘을 갖도록 하겠다는 견제 장치입니다.

교섭단체는 「정치자금법」에 따라 정당에 배분하는 경상보조금과 선거보조금을 받을 수 있습니다. 단순히 받을 수 있다는 정도에 그치는 것이 아니라, 100분의 50만큼을 우선적으로 균등하게 배분받을 수 있습니다. 100명의 의원을 보유한 정당이든 20명의 의원을 보유한 정당이든 동등하게 우선하여 배분받을 수 있으니, 자금 사정이 넉넉하지 않은 소수 정당에 있어 이만큼 훌륭한 혜택도 없습니다. 다만 국고보조금의 우선 배분은 '동일한 정당' 소속의 의원 20명 이상으로 구성된 교섭단체만 해당됩니다. 무소속 또는 20명 미만의 정당끼리 연합하여 구성한 교섭단체는 대상 밖입니다.

그 밖에도 교섭단체 내에 입법 활동을 보좌할 수 있는 '정책연구위원'을 둘 수 있게 되며, 입법지원비용도 받을 수 있습니다. 또 매년 첫 번째로 열리는 임시회와 정기회에서 40분씩 '교섭단체연설'을 할 기회가 주어지며,

국회 운영 및 의사일정의 협의는 물론 상임위원회의 위원 선임과 위원 간 발언 순서 및 시간 조정 등 다양한 분야에서 목소리를 낼 수 있게 됩니다. 회의장의 의석을 배정하는 아주 작은 결정부터, 국회 운영의 기본 일정을 정하거나 국회의장의 직무대리를 결정하는 큼직한 결정까지, 교섭단체이기 때문에 누릴 수 있는 다양한 권한이 있습니다. 반대로 말하자면, 교섭단체에 속하지 못한 의원들은 수많은 권한과 혜택에서 배제된다고 할 수 있습니다.[8]

그렇다면 일본의 회파는 어떤 모습일까요. 우선 가장 눈에 띄는 점은, 회파의 구성 조건이 없다는 점입니다. 현행 일본 「국회법」에는 제42조, 제46조, 제54조 등 세 가지 조항에 '회파'라는 단어가 등장하는데요. 이들은 모두 상임위원회에 위원을 어떻게 할당할 것이냐에 대한 규정을 다룰 뿐이지, 회파를 어떻게 만들어야 하는지 구성 요건을 나열하고 있지는 않습니다. 「국회법」뿐만 아니라 중의원 참의원 양원에서 자발적으로 규정하는 '의원규칙'(議院規則)에도 회파의 요건을 규정하고 있지 않습니다. 그러므로 회파는 '선례'에 따라 뜻을 함께하는 2명 이상의 의원이 뭉치기만 하면 얼마든지 구성될 수 있습니다.

---

8) 각 교섭단체의 대표(원내대표)는 국회의 상임위원회 중 핵심인 운영위원회의 위원이 됩니다. 또 나랏돈을 주무르는 핵심 조직인 예산결산특별위원회의 위원은 교섭단체 소속 의원 수에 따라 비율에 맞춰 구성됩니다. 그리고 원내 협상력의 상징과 같은 상임위원회 간사위원도 각 위원회에 1명씩 파견할 수 있습니다. 쉽게 말해, 의원들이 모여 회의를 할지 말지, 한다면 언제 어떻게 할지, 누구에게 얼마만큼의 권한을 줄지 등 국회 내에서 벌어지는 온갖 결정들은 하나부터 열까지 모두 교섭단체의 손에서 이루어진다고 할 수 있습니다.

일본 국회의 회파는 우리나라의 교섭단체와 마찬가지로 국회 운영 전반에 관한 논의에 있어 실질적인 최소 집단으로 인식됩니다. 정당이라는 큰 틀에서의 합의도 중요하지만, 결국 하나부터 열까지 세세한 모든 부분을 협의하는 것은 회파 단위에서 이루어집니다.

원내 상임위원회의 위원장이나 위원은 각 회파별 비율에 따라 배정되며, 국정의 기본적 사항에 관한 장기적 조사를 실시하는 국회 조사회(調査会)의 위원 구성 역시 회파별 비율에 따릅니다. 다만 핵심 상임위원회인 의원운영위원회(議院運営委員会)는 20명(중의원) 혹은 10명(참의원) 이상의 의원을 보유한 회파에서만 위원을 파견할 수 있으며, 이들은 별도로 '원내 교섭회파' (院内交渉会派)라고 불립니다.

일본의 회파와 우리나라의 교섭단체의 가장 큰 차이점은, 일본의 회파는 하나의 정당 안에 여러 개가 존재할 수 있다는 점입니다. 우리나라는 「국회법」에 따라 하나의 정당은 하나의 교섭단체로 구성되며, 한 정당 안에 여러 교섭단체가 존재할 수 없는데요. 일본의 회파는 구성 요건에 관한 규정이 없으므로 이론상 하나의 정당 안에도 수많은 회파가 구성될 수 있습니다.

앞서 살펴본 자민당 내 여러 파벌이 세력 다툼을 벌일 수 있던 것도, 사회당이 우파와 좌파로 나뉘어 정책 노선 갈등을 겪은 것도, 모두 복수 회파가 인정되기 때문입니다. 선거를 치를 때는 따뜻한 당의 품 안에서 한 가족처럼 지내지만, 막상 당선된 이후에 원내에 들어와서는 이해관계에 따라 갈라서는 것이죠. 여태껏 당내에 회파가 난립하는 혼란한 사태는 벌어진 바 없습니다만 "언제든 갈라설 수 있다"라는 무언의 압력으로 인해 파벌 간에 치열한 투쟁과 화합이 반복되는 것은 필연적이라 할 수 있겠습니다.

필요하다면 적과의 동침도 좋다

반면에 당의 경계를 넘어 통일회파(統一会派)를 이루는 경우는 꽤 빈번하게 발생합니다. 우리나라 국회에서도 소수 정당 간에 연합을 통해 교섭단체를 구성하는 경우가 있기는 한데요. 20인 이상의 의원을 보유한 정당은 단일한 교섭단체로만 존재할 수 있기 때문에 거대 정당에 소수 의원이 붙어 교섭단체를 구성할 수는 없습니다. 반면에 일본의 회파는 구성 요건이 정해져 있지 않기 때문에 얼마든지 가능합니다.

가장 최근 열린 2024년 10월 중의원 해산 총선거를 계기로 구성된 의회에도 통일회파가 구성되었습니다. 여당 자민당에 무소속 의원 6명이 합세해 총 197명 규모의 '자민당·무소속 모임'(自民党·無所属の会) 회파가 구성됐는데요. 참고로 이들 무소속 의원 중 4명은 '정치자금 파티 스캔들'에 연루되어 탈당했거나 당으로부터 공인을 받지 못해 무소속으로 출마한 뒤 당선한 인물들입니다.[9]

일본은 후보자가 소속 정당으로부터 공인을 받지 못하더라도 당적을 유지한 채 무소속으로 출마할 수 있게 되어 있습니다.[10] 사실 애초에 일본 공직선거법은 공인에 대한 명확한 규정을 두고 있지 않습니다.

자민당은 이러한 법적 미비를 이용해 무소속으로 출마한 뒤 당선한 의원에게 '추가공인'(追加公認)[11]을 부여해 '원대복귀' 시킨 뒤 마치 처음부터 정당의 공인 후보였던 것처럼 지위를 회복하고 혜택을 누릴 수 있게 합니다. 의회 내에서 벌어지는 협상에서 유리한 고지를 점하기 위해 한 명이라도 더 많은 의원을 보유하게끔 고안한 묘책입니다.

정당의 경계를 넘나드는 회파 구성은 비단 자민당만의 전유물이 아닙니

다. 정당을 불문하고 세력 확장을 위해 적극적으로 통일회파를 구성하죠. 위 해산 총선거 이후 전통적 야당인 입헌민주당도 무소속과 손을 잡고 149인 규모의 회파를 구성하였으며(立憲民主党·無所属), 입헌민주당에서 갈라져 나온 국민민주당 역시 무소속을 포함해 28인 규모의 '클럽'을 구성했습니다(国民民主党·無所属クラブ). 그밖에도 무소속 의원 4명으로 구성된 '유지회'(有志の会)와 같이 아예 무소속끼리 모여 작은 회파를 만드는 일도 빈번합니다. 오히려 보수파라는 '빅텐트' 아래 하나로 뭉친 자민당보다, 각기 다른 사상과 지향점을 가진 혁신계 정당들이 더욱 적극적으로 통일회파를 구성하는 경향을 보입니다.

---

9) 세코 히로시게(世耕弘成): 탈당, 니시무라 야스토시(西村康稔)·하기우다 고이치(萩生田光一)·히라사와 가쓰에이(平沢勝栄): 비공인

10) 참고로 우리나라는 국회법 제49조 6항에 따라 정당의 당원인 자는 공직선거에 무소속 후보자로 등록할 수 없습니다.

11) 추가공인은 소속 정당의 공인을 받지 못한 인물이 무소속으로 출마하여 당선된 뒤 소속 정당으로부터 공시일 이전으로 거슬러 올라가 '원래 우리 공인 후보였다'라는 취급을 받는 자민당만의 독특한 제도입니다. 우리나라에는 없는 개념으로 선뜻 받아들이기 어렵죠.

⟨중의원 회파 구분 및 소속의원수⟩ 2024년 11월 11일 기준

회파 구분	약칭	소속의원수
자유민주당·무소속 모임	자민	196
입헌민주당·무소속	입헌	148
일본유신회	유신	38
국민민주당·무소속 클럽	국민	28
공명당	공명	24
레이와신센구미	레신	9
일본공산당	공산	8
유지회	유지	4
참정당	참정	3
일본보수당	보수	3
무소속		4
합계		465

⟨참의원 회파 구분 및 소속의원수⟩ 2025년 1월 16일 기준

회파 구분	약칭	소속의원수
자유민주당	자민	112
입헌민주·사민·무소속	입헌	42
공명당	공명	27
일본유신회	유신	18
국민민주당·신록풍회	민주	12
일본공산당	공산	11
레이와신센구미	레신	5
오키나와의 바람	오키나와	2
NHK로부터 국민을 지키는 당	N당	2
무소속		8
결원		9
합계		248

분열과 반목의 사회당

일본에서는 존재감이 없는 사람을 두고 "그림자가 옅다"(影が薄い)라고 말합니다. 원래는 생기가 없고 풀죽은 모양새를 일컫는 표현이었습니다만, 점점 의미가 변화하여 별달리 눈에 띄지 않고 주목받지 못하는 인물을 묘사하는 표현으로 자리 잡았습니다. 우리나라의 모 유명 코미디언의 유년 시절 별명인 '쭈구리'와 유사한 느낌이 듭니다.

딱히 스스로 빛을 내지도 못하고, 그렇다고 빛을 제대로 받지도 못하는 그림자가 옅은 집단. 바로 일본의 야당입니다. 1955년 '55년 체제'를 구축하고 현재에 이르기까지 자민당이 70년간 장기 집권하는 사이 야당은 무엇을 했을까요.

야당은 흔히 정부에 대한 감시역(監視役)이라 불립니다. 정부가 예산을 허투루 쓰고 있지는 않은지, 정책의 방향이 올바르게 잡혀 있는지, 고인 권력이 부패하지는 않는지 견제하고 쓴소리하는 역할을 맡습니다. 정부를 향해 수시로 의문을 제기하고 문제를 지적하며 정부가 제대로 굴러가게끔 합니다. "야당의 존재는 민주주의 그 자체다"라고 일컬어지는 이유죠.

그간 일본의 대표적인 야당이자 감시역에 충실했던 존재는 바로 일본사회당이었습니다. 앞서 '55년 체제'를 설명하며 언급하였던 사회당은 1945년 11월 창당하여 1996년 당명을 변경하고 분열하기까지 약 40년간 '만년야당'(万年野党)이라 불리며 야당으로서의 존재감을 뽐냈습니다. 1993년 중의원 총선거에서 자민당의 단독 과반을 깨뜨리며 호소카와 내각에서 연립여당 제1당에 오르기도 했고, 1994년 무라야마 내각에서는 숙적 자민당과 손을 잡고 연립정권을 세우기도 했죠. 2000년대 초반 민주당이 약진하기 전까지 명실공히 야당의 역할을 톡톡히 했습니다.

하지만 일본의 현대 정치를 자민당과 함께 양분해 온 사회당의 역사는 분열과 반목의 연속이었습니다. 사회당은 태평양 전쟁이 막을 내린 직후인 1945년 11월 2일 창당했습니다. 니시오 스에히로(西尾末広), 히라노 리키조(平野力三), 미즈타니 쵸자부로(水谷長三郎) 등 무산계급, 사회주의 인사들을 중심으로 격차해소와 평화주의, 호헌(護憲)[12]을 기치로 보수세력과 각을 세우며 영향력을 확보해 나갔습니다.

---

12) 일본에서 말하는 호헌이란, 헌법 제9조에서 규정하는 전쟁의 포기 즉 '평화조항'을 지킨다는 의미입니다. 1980년대 우리나라에서 일었던 '호헌철폐운동'과는 궤가 다릅니다.

이윽고 사회당은 1947년 치러진 제23회 중의원 총선거에서 요시다 시게루의 자유당을 꺾고 원내 제1당으로 올라선 뒤 민주당, 국민협동당 등과 손을 잡아 일본 정치사 최초의 일본사회당 소속 내각인 가타야마 데쓰(片山哲) 내각을 열기도 했습니다. 하지만 행복은 오래 가지 못했습니다. 사회당은 2년 만에 열린 1949년 제24회 중의원 총선거에서 종전 143석에 턱없이 모자란 48석만을 획득하며 폭삭 주저앉았습니다. 표면으로 드러난 원인은 연립내각에서의 주도권 상실이었습니다만, 뿌리 깊은 당내 좌우 갈등이 배경에 있었습니다.

〈가타야마 데쓰〉

ⓒ 일본 총리관저 G)

원내에서 영향력을 상실한 사회당은 1951년 좌파사회당과 우파사회당으로 분열하였고 1955년 재통일하기 전까지 대 소련정책, 안보 정책, 강화조약, 재무장 등 모든 사안을 두고 치열하게 대립했습니다. 재통일 이후에도 우파와 좌파는 서로 융합하지 못했고 엎친 데 덮친 격으로 '중간파'가 등장하며 세력 구도는 더욱 복잡해졌습니다.

1960년대부터 시작된 반미·반정부·노동·학생 운동의 총칭인 '안보투쟁'을 지나며 사회당 내 갈등은 극에 달합니다. 안보투쟁의 성과를 사회당이 독차지하는 게 맞느냐, 사실상 투쟁을 주도한 것은 원내의 사회당이 아니라 신좌파 및 공산주의 조직이 아니겠느냐 등 계파 간 갈등에 더불어 여론의 분열까지 설상가상이었습니다. 보수세력의 충실한 견제장치로 자리매김하고자 했던 사회당은 1960년대 후반부터 선거에서 연전연패하며 세력이 쪼그라들었습니다. 자민당의 의석을 빼앗아 오기는커녕 공명당, 공산당 등 기타 야당 세력에게 의석을 빼앗기는 신세로 전락한 것이죠.

산을 움직인 마돈나

물론 사회당에게 '별의 순간'이 없던 것은 아닙니다. 일본 최초의 여성 중의원 의장이자 여성 당수라는 기록을 지닌 일본 여성 정치계의 거목 도이 다카코(土井たか子)가 이끈 사회당은 1989년 참의원 통상선거에서 66석을 획득하며 자민당의 단독 과반을 저지했습니다. 당시 자민당은 비약적인 경제 성장과 야당의 분열을 발판 삼아 승승장구를 거듭하던 시기였는데요. 참의원 선거를 앞두고 일본의 대형 정치 스캔들 중 하나인 '리크루트 사건'이 발발하며 위기에 몰리게 됐습니다. 1988년 《아사히신문》의 단독 보도로 시작된 '리크루트 사건'은 일본을 발칵 뒤집었습니다. 당시 부동산 사업과 리조트 사업, 정보업 등을 영위하던 기업 '리쿠르트'(リクルート)가 증권거래소 신규 상장을 앞두고 자회사의 미공개 주식을 정치인, 관료, 기업가, 언론인 등 유력 인사에게 대거 양도하여 '비리 자금'을 형성하게끔 하였다는 사실이 발각되었고, 이에 자민당 소속 전현직 총리와 내각 대신, 당 고위 간부 등 약 90명의 인사가 얽혀 있음이 밝혀졌습니다.

사회당은 이 틈을 노려 소비세 반대를 대표 공약으로 여성 후보를 대거 출전시켜 이른바 '마돈나 열풍'을 일으키며 쾌거를 거두었습니다. "산이 움직였다"라는 소감을 던지며 일약 스타 정치인이 된 도이는 참의원에서 총리 후보로 지명을 받는 등 정계 개편의 핵심 축으로 떠올랐습니다.

이후 앞서 언급한 바와 같이 1993년 '비자민당연립정권'(非自民連立政權)의 제1당으로 역사적 정권교체를 이룩하기도 하였고, 1994년 '자민·사회·사키가케연립정권'(自社さ連立政權)에서 무라야마 도미이치(村山富市)를 총리로 배출하며 당의 전성기를 맞았습니다.

그러나 무라야마 내각 당시 정세는 쉽지 않았습니다. 보수세력과 연합하여 정권을 창출한 만큼 당내 분열은 불 보듯 뻔했죠. 무라야마 총리는 사회당 출신임에도 불구하고 자위대의 존재를 합헌으로 인정했고, 그간 사회당에서 추진해 온 정책의 대부분을 뒤집으며 당을 또다시 분열의 구렁텅이로 빠뜨립니다.

이에 당의 한 축을 맡고 있던 우파사회당의 대부분은 신흥 세력인 민주당으로 이동하였고, 좌파사회당 세력은 신사회당(新社會党)으로 갈라섰습니다. 1996년 무라야마 총리가 퇴임하고 당명을 사회민주당(社會民主党)으로 개칭하며 새로운 성장 동력을 마련하고자 노력했으나 결국 당은 사분오열하였고 사민당은 보잘것없는 군소정당으로 전락하고 말았습니다.

사회당은 한때나마 단독으로 중의원 의석 166석을 쟁취할 정도로 기세가 등등했는데요. 2024년 현재, 과거의 영광은 모두 온데간데없고, 중의원에서 1석, 참의원에서 2석을 확보하는 데 그치고 있습니다.

형편이 어려운 것은 사회민주당뿐만이 아닙니다. 분당하며 뛰쳐나간 세력 역시 사회민주연합(社會民主連合), 민주당(民主党), 민진당(民進党), 입헌민주당(立憲民主党), 희망의당(希望の党), 국민민주당(国民民主党) 등 이합집산을 반복하며 좀처럼 힘을 합치지 못하는 채로 세월을 보내고 있습니다. 보수세력에 대항하는 든든한 견제자이자 날카로운 감시역으로써 큰 기대를 모았던 사회당은 결국 분열과 반목을 거듭한 끝에 씁쓸한 말로를 맞고 있습니다.

시대에 버림받은 민주당

사회당에 이어 1990년대 후반부터 현재까지 일본의 야권은 민주당 세력이 주도하고 있습니다. 1996년 사회당의 분열에 따라 발족한 민주당은 중도좌파와 중도우파를 아우르는 대안세력으로 떠올랐습니다. '55년 체제'가 막을 내리고 다당제 정국이 한창이던 1990년대 후반부터 2000년대 중반까지 기세를 올리며 원내 영향력을 공고히 했죠.

이윽고 2009년, 민주당은 제45회 중의원 총선거에서 태평양 전쟁 이후 단일 정당으로서 최대 의석인 정원 480석 중 308석을 획득하며 단숨에 수권 정당으로 올라섰습니다. 과반인 241석을 훨씬 뛰어넘은 민주당의 압도적 승리는 일본 정계에 엄청난 충격을 안겼습니다. 민주당으로서도 1996년 사회당에서 분당하며 창당한 이래 13년 만에 거둔 쾌거였습니다.[13]

---

[13] 2009년 정권교체를 이룩한 민주당과 1996년 창당한 민주당은 엄밀히 따지자면 다른 존재입니다. 민주당은 1998년 민정당과 민주개혁연합 그리고 신당우애를 흡수하며 '신설합당'하였기 때문입니다. 이 때문에 1996년부터 1998년까지 존속한 민주당은 '옛 민주당'(旧民主党)이라 구분하여 칭합니다. 정치적 노선도 옛 민주당은 전통적인 혁신계 사회주의 성향을 띄는 데 반해 1998년 창당한 민주당은 자유주의, 보수주의, 중도우파적 색채가 강해졌습니다.

하지만 "안 될 놈은 뭘 해도 안 된다"라는 속세의 명언처럼, 민주당의 앞날은 우여곡절의 연속이었습니다. 특히 집권 3년 차에 발생한 동일본대지진(東日本大震災)이 결정적이었죠. 2011년 3월 11일 오후 2시 46분. 일본 도호쿠(東北) 지방의 태평양 연안에서 발생한 규모 9.1의 초대형 지진은 일본을 뒤집어 놓았습니다. 일본의 지진 관측 역사상 가장 강력했던 동일본대지진은 초대형 쓰나미를 동반했고 약 2만 5,000명의 인명 피해를 낳았습니다. 이와 함께 발생한 '후쿠시마 원자력 발전소 폭발 사고'는 인류 역사를 바꾸어놓았죠.

예상치 못한 초대형 재해는 민주당에 엄청난 악재로 다가왔습니다. 사실 민주당의 첫 내각인 하토야마 유키오(鳩山由紀夫) 내각은 대지진 발생 이전부터 이미 정치자금 문제와 후텐마(普天間) 미군기지 이전 문제로 10%대 지지율을 기록하며 주저앉아 있었고[14] 후임으로 총리에 오른 간 나오토(菅直人) 역시 증세 문제에 얽히며 참의원 선거에서 패배의 쓴맛을 본 상황이었습니다. 대지진 직전 총리에 오른 노다 요시히코(野田佳彦) 역시 재일

---

14) 후텐마 기지는 일본 오키나와 기노완시(宜野湾市) 중심부에 있는 미군 해병대 비행장입니다. 시가지에 자리한 탓에 종종 미군 항공기 추락 사고가 발생하였는데요. 2006년 미일 양국 정부는 비행장을 오키나와 외곽의 헤노코 지역으로 옮길 것을 합의했습니다. 그러나 오키나와 주일미군 기지의 70%가 몰려 있는 만큼, 미군 기지의 역외 이전을 강력히 희망하고 있었습니다. 이에 하토야마 총리는 "최소한 현외 지역으로 이설하겠다"라고 공언하며 2009년 정부 간 합의를 뒤집습니다. 그러나 마땅한 대체안이 있었던 것은 아니었고, 미국과의 외교 갈등으로까지 번진 끝에 하토야마는 2010년 5월 하순 '기존 합의'를 복원하기에 이릅니다. 이후 연립정권을 구성하던 사민당이 반발하며 이탈하였고, 하토야마는 사태의 책임을 지고 총리직에서 물러났습니다.

나가타쵸의 속사정

한국인으로부터 정치 헌금을 받았다는 의혹이 터지며, 민주당이 정권을 교체한 뒤 총리에 오른 세 사람 모두 그로기 상태에 빠지게 되었습니다. 이런 상황에서 일본 역사상 가장 강력한 자연재해가 닥치니 민주당은 손쓸 겨를도 없이 몰락의 내리막길로 곤두박질쳤습니다.

동일본대지진의 대응과 복구에 있어 민주당이 보인 모습은 처참했습니다. 국가의 안보를 송두리째 흔들 수 있는 규모의 재난이었음에도 안전보장회의는 소집되지 않았고, 내각은 각종 '대책본부'와 '회의체'를 다수 설치하는 데 급급했다고 전해집니다. 재해대책기본법에 따른 중앙방재회의도 좀처럼 열리지 않았다고 하죠. 이러는 사이 내각 인사가 굳이 구태여 후쿠시마 원전을 시찰하러 가는 등 '불필요한 퍼포먼스'를 거듭하며 여론의 빈축을 샀습니다.

자민당 집권기에도 물론 위기관리 능력에 대한 의문이 제기되기는 하였습니다만 "민주당만큼 심각하지는 않았다"라고 평가받습니다. 당연히 민주당이 억울한 면도 있습니다. 자민당이 장기간 권력을 독점함에 따라 민주당은 국정운영의 경험을 전혀 쌓지 못했거든요. 어떠한 노하우도 없는 상황에서 맞은 대재앙은 민주당의 '무능력'을 만천하에 드러냈습니다. 이를 계기로 "아무리 불만이 많더라도 결국 자민당뿐이다"라는 일본 유권자의 한탄이 본격화됐습니다.

노다 총리는 궁지에 몰린 끝에 결국 중의원을 해산하고 국민에게 신임을 묻기로 합니다. 당시 노다의 중의원 해산 결정은, 선거에서 승리할 가능성이 전혀 없는 상황에서 이루어진 터라 자폭 또는 '가미카제'(神風) 해산으로 불립니다. 선거 결과는 불 보듯 뻔했고, 아베 신조가 이끄는 자민당이 294석을 획득하며 민주당을 말 그대로 짓이겨 버립니다. 민주당은 종전 대비 174석 줄은 고작 57석만을 사수하는 데 그쳤습니다. 3년짜리 민주당 정권은 별안간 폭죽처럼 빠르게 솟구치고 한순간에 폭발해 흐지부지 사라지고 말았습니다. 2012년 정권을 빼앗긴 민주당은 전후 최장수 총리인 아베 신조의 집권 아래 별다른 성과를 내지 못한 채 이합집산을 반복하며 현재에 이르고 있습니다.

풀뿌리를 지탱하는 소수 정당

일본 국회에는 사민당과 민주당 외에도 다양한 정당이 활동하고 있습니다. 두 개의 거대한 정당과 그 위성 정당 몇몇으로 구성된 우리나라 국회와는 사뭇 다른 모습입니다. 2024년 11월 현재 일본 중의원은 10개의 정당과 무소속 의원들로 구성되어 있습니다.

일본의 대표적인 소수 정당은 바로 일본공산당입니다. 21세기 자유민주주의 선진국에 공산당이 웬 말이냐 싶을 수도 있습니다만, 멀쩡히 원내에서 활동하고 있는 제대로 된 정당입니다. 1922년 창당해 2025년 올해로 103주년을 맞아, 현존하는 일본 정당 중에 가장 오랜 역사를 지닌 정당이기도 합니다. 중참 양원에서 정원 5% 미만인 10석 남짓을 꾸준히 획득하며 원내 정당으로 확실한 존재감을 나타내고 있으며, 특히 우리나라의 광역의회에 해당하는 도도부현의회나 기초의회에 해당하는 시구정촌의회 등 풀뿌리민주주의에서 강세를 보입니다.

일본공산당의 정책적 노선은 이름값을 제대로 합니다. 이들은 과거 마르크스-레닌주의를 신봉했으며, 주일미군 철수 및 미일동맹 해체 등을 주장한 바 있습니다. 특히 천황제에 대단히 부정적인 인식이 두드러지는데요. 한때 민주주의 혁명을 통해 천황제를 폐지해야 한다 주장한 바 있으며, 태평양 전쟁 직후에는 '일본인민공화국'(日本人民共和国)의 헌법 초안을 발표하는 등 일본 주류 세력과는 확연히 다른 행보를 거듭하고 있습니다.

참고로, 일본공산당의 정치자금 수입은 자민당에 이어 2위입니다. 2023년 말 기준 191억 엔의 수익을 올렸는데, 우리 돈으로 환산하면 약 1,800억 원에 육박하는 금액이죠. 이는 원내 최대 야당인 입헌민주당의 92억 엔을 한참 뛰어넘은 수치입니다. 오랜 역사를 자랑하는 만큼 열성적으로 지지하는 세력이 아직도 많이 존재한다고 볼 수 있겠죠.

이외에도 오사카·간사이 지방을 중심으로 활동하며 지역 내에서는 자민당조차도 범접할 수 없는 강력한 힘을 가진 지역정당 일본유신회(日本維新の会)가 있으며, 소비세 폐지나 원전 운용 중단 등 진보적 담론을 내걸은 레이와신센구미(れいわ新撰組), 핵무장과 외국인 노동자 반대 등을 주장하며 극우 대안 정당으로 떠오른 참정당(参政党) 등 수많은 소수 정당이 일본 국회를 메우고 있습니다.

여담으로 'NHK로부터 국민을 지키는 당'(NHKから国民を守る党)이라는 꽤 수상한 이름의 정당도 존재했는데요. 일본의 공영방송「NHK」의 경리 부정을 폭로한 내부고발자 다치바나 다카시(立花孝志)가 설립한 정당입니다. 정견 발표에서 대놓고 "NHK를 쳐부수겠다!"라고 공언하거나, 당명을 'NHK와 변호사법 72조 위반으로 재판하고 있는 당'(NHKと裁判してる党弁護士法72条違反で)으로 교체하는 등 온갖 기행을 보였습니다만, 2019년 참의원 선거에서 비례대표로 당선하며 원내 정당으로 등극하기도 했습니다.

일본 정치는 왜 이럴까

제3장
권력을 이어가는 방법

총리는 왜 단명하는가

4선은 우습다? 초장수 국회의원

장인정신의 다이묘 정치

총리는 왜
단명하는가

길어야 3년, 초단기 '비정규직' 총리

　지난 30년간 일본 총리를 지낸 인물은 총 17명입니다. 1994년 4월 28일 제80대 총리로 취임한 하타 쓰토무부터 가장 최근의 제102대 총리 이시바 시게루까지 22대에 걸쳐 17명이 총리를 지냈죠. 같은 기간 우리나라에서는 7명의 대통령이 탄생했습니다. 일본은 왜 이렇게 총리가 자주 바뀌는 걸까요.
　우리나라 헌법은 대통령의 임기를 5년으로 규정하고 있으며, 중임할 수 없음을 명시하고 있습니다. 따라서 아무리 인기가 좋은 인물이라도 5년 단임의 임기를 채우고 나면 물러나야 하고, 반대로 아무리 인기가 없는 인물이라도 국회에서 탄핵하지 않는 한 5년간의 임기를 보장받습니다. 모두가 알다시피 1987년 민주화 이후 임기를 채우지 못한 대통령은 2017년 파면당한 박근혜 전 대통령과 2025년의 윤석열 전 대통령 둘뿐입니다.

하지만 일본의 총리는 다릅니다. 놀랍게도 일본 내각총리대신의 임기에 관한 법률 규정은 법전 어디에도 없습니다. 그저 총리를 "국회의원 중 국회의 의결에 따라 지명한다"라고 「일본국헌법」에 쓰여 있을 뿐입니다(제67조). 일본은 6년 임기의 참의원과 4년 임기의 중의원이 양원제 국회를 구성하고 있으니, 기술적으로 따지자면 총리의 임기는 참의원 의원의 임기와 마찬가지로 최장 6년이라 할 수 있습니다. 다만 현재까지 참의원 의원이 총리로 선출된 바가 없으며, 위 법 조항에서도 참의원의 의결보다 중의원에서의 의결을 우선시하고 있기에, 현실적으로 총리의 임기는 중의원 의원과 마찬가지로 최장 4년이라고 보는 게 맞습니다.

그러나 일본의 현행법에는 총리의 중임에 관한 제한 규정이 없으므로, 의원 임기가 끝나기 전에 재선한다면, 이론상으로는 무한히 총리 임기를 늘려갈 수 있습니다. 총리라는 자리 자체에 대한 임기 규정이 없기에, 바라보는 관점에 따라 '실질적 임기'가 늘었다 줄었다 하니 참으로 알쏭달쏭한 일입니다.

법률상 총리의 임기는 영원하다지만, 현실은 어떨까요. 임기와 중임 여부에 아무런 제한이 없으니 국가 최고지도자 자리를 마음껏 누릴 수 있으면 좋으련만, 현실은 오히려 반대로 흘러갑니다. '최소한의 임기'조차 규정이 없으니 최고 권력자임과 동시에 가장 불안정한 '비정규직' 신세를 면치 못하고 있죠.

일본 총리의 평균 재임 기간은 2년 남짓입니다.[15] 우리나라 대통령의 절반이 채 안 됩니다. 이른바 선진국이라 불리는 나라 중에 일본보다 빈번하게 최고지도자를 갈아치는 건 사실상 이탈리아가 유일합니다. 이탈리아는 1946년 공화국 수립 이래 75년간 무려 68차례나 정부를 교체하며 정부의 평균 존속기간이 13개월이 채 되지 않는데요. 이탈리아는 지독할 정도로 다당제가 유지되고 있으며 이념과 지향점에 따라 합종연횡이 반복되고, 선거를 치를 때마다 유력 정당이 바뀌고 있습니다. 정권교체가 일상처럼 발생하고 있는 이탈리아는 그렇다손 치더라도, 비교적 정치 권력이 안정적인 일본에서 총리가 단명(短命)한다는 건 대단히 흥미로운 현상입니다.

운명을 쥔 참의원과 자민당

일본 총리의 생명이 짧은 이유에 대한 분석은 다양한데요. 가장 먼저 일컬어지는 이유는 바로 "참의원이 존재하기 때문"입니다. 앞서 언급한 바와 같이 일본은 중의원과 참의원으로 구성되는 양원제 국회를 채택하고 있습니다. 참의원은 양원 중 상원(上院)으로, 하원(下院)인 중의원에서 통과시킨 법률에 문제가 없는지 숙의하고 심의하는 기구입니다. 중의원에 비해 피선거권 연령이 높고 임기도 6년으로 보장되며 해산하지 않습니다. 법률 성립의 마지막 관문 역할을 하는 덕에 '양식'(良識)과 '재고'(再考)의 전당으로 불립니다.

그러나 참의원의 존재 이유는 주어진 역할에서 나오지 않습니다. 참의

---

15) 태평양 전쟁 이전의 기록까지 포함한 일본 내각의 평균 존속기간은 1.4년까지 줄어듭니다. 1885년 일본 최초의 내각총리대신 이토 히로부미 이후 약 140년간 102대를 걸쳐 65명의 인물이 총리를 지냈으니, 총리가 얼마나 자주 바뀌었는지 실감이 납니다.

원이 가진 힘의 비결은 이들의 선출 방식에 있습니다. 중의원과 달리 6년의 임기를 보장받는 참의원은 3년마다 정원의 절반을 새로 선출합니다. 3년에 한 번씩 원내 주도권을 두고 여당과 야당이 치열하게 맞붙죠. 쉽게 말해 3년마다 정권에 대한 유권자의 심판이 내려진다고 할 수 있습니다. 일각에서는 이러한 참의원의 선출 방식으로 인해 총리가 자주 바뀐다고 주장합니다.

만약 중의원의 다수를 점하는 여당에서 선출한 총리가 국가를 잘못 이끌고 있다고 판단되면, 유권자는 3년마다 돌아오는 참의원 선거에서 야당에 힘을 실어주겠죠. 그 결과 참의원에서 야당이 과반을 점하며 승리하게 되면 내각은 순식간에 추진력을 잃게 됩니다. 일본에서는 이를 '네지레 국회'(ねじれ国会) 즉 '뒤틀린 국회'라고 표현합니다. 우리나라의 '여소야대' 현상에 대응하는 상황입니다. 실제 1998년 참의원 선거에서 야당이 승리하며 '네지레' 국면에 돌입하자 하시모토 류타로(橋本龍太郎) 총리가 책임을 지고 직에서 물러난 바 있습니다. 이때 그의 재임 기간은 약 2년 7개월이었습니다.

하지만 이것만으로는 빈번한 총리 교체에 대한 충분한 설명이 되지 않습니다. 양원 모두 여당에서 점하고 있을 때도 총리의 퇴진은 있었고, 반대로 '네지레'가 있음에도 자리를 보전한 사례도 없지 않기 때문입니다. 이 때문에 일본 정치학계는 "총리에 대한 정당의 구속력"을 주된 이유로 설명하기도 합니다.

우리는 간혹 국가 최고지도자를 누구도 범접할 수 없는 존재로 인식하곤 합니다. 하지만 아무리 뛰어난 지도자라도 여당의 든든한 지원 없이는 국정을 이끌어갈 수 없습니다. 여당의 지도자와 국가 수뇌 간의 우호적 관

권력을 이어가는 방법

계가 중요한 이유입니다. 우리나라에서도 종종 국정의 난맥상을 타파하기 위해 '당정고위급회의'를 개최하곤 합니다만, 이러한 현상은 여당의 총재가 곧 총리인 일본에서 더욱 두드러집니다.

앞서 일본 총리의 임기에 관한 규정을 언급할 때, 국회의원의 임기에 빗대어 6년 또는 4년이라 볼 수 있다고 설명했는데요. 사실 이보다도 자민당 총재의 임기가 더 중요할 수 있습니다. 어쨌거나 일본의 총리는 자민당의 총재가 맡는 것이 '상식'이기 때문입니다. 자민당 총재의 임기는 당칙에 따라 3년으로 규정되어 있습니다.[16]

따라서 총리는 3년에 한 번씩 돌아오는 총재선거에 맞춰 당원과 당 소속 국회의원의 심판을 받아야 합니다. 만일 총재선거에서 낙선하거나, 낙선할 가능성이 매우 높다고 점쳐질 때는 총리 스스로 직을 내려놓아야 합니다. 일본 총리의 평균 재임 기간이 3년 미만이라는 점이 이해되는 대목이죠.

일례로 1978년 총재선거 당시 예비선거에서 패배하며 본선 출마를 단념한 후쿠다 다케오 총리는 패배의 책임을 지고 총리직을 던졌습니다. 그의 총리 재임 기간은 2년이 채 되지 못했습니다. 한 나라의 내각총리대신을 당내 선거로 갈아치운 셈입니다.

---

16) 자민당 총재 임기에 관한 규정은 몇 차례 개정이 이루어졌는데요. 1955년 창당 당시부터 1972년까지는 임기를 2년으로 하되 연임에 제한을 두지 않았습니다. 1972년에는 임기를 3년으로 연장하도록 한차례 개정되었고, 1974년부터는 연속하여 두 번까지 연임할 수 있도록 개정하였습니다. 이러한 규정은 최근까지 유지되었는데, 아베 신조 전 총리가 재임 중이던 2017년에 이르러 임기 3년에 연속하여 세 번까지 연임이 가능하도록 '셀프 개정'을 단행했습니다. 이로써 그는 일본 역사상 최장기간 재임 총리로 등극했죠.

이를 두고 "국민을 무시한 처사다"라는 비판이 거세게 인 것도 이해가 됩니다. 현대에 들어 현직 총리가 총재선거에서 패배하고 물러나는 사례는 거의 사라졌다고 볼 수 있겠습니다만, 총재와 총리를 분리해서 다루어야 한다는 해묵은 논의는 여전히 앞으로 나아가지 못하고 있습니다.

3년에 한 번씩 돌아오는 참의원 선거와 그 사이사이 엇박자로 끼어 있는 총재선거에서 모두 승리한다면 오래오래 총리직을 누릴 수 있을까요? 마냥 그렇지만도 않습니다. 일본 총리는 하루가 멀다고 견제구를 던지는 당내 투쟁을 견뎌내야 합니다.

총리를 끌어내려라!

각종 파벌이 똘똘 뭉쳐 하나의 당을 이루고 있는 일본 정당 체제의 특성상, 총리를 하루라도 빨리 끌어내리고자 하는 '하극상' (下剋上)은 필연적으로 존재하기 마련입니다. 1975년 자민당에서 벌어진 '미키 끌어내리기'(三木おろし)가 대표적인 사례입니다. 1975년 자민당의 '넘버2'로 실권을 쥐고 있던 다나카 가쿠에이는 미키 다케오 총리를 압박해 자진 사퇴를 강제했습니다.

겉으로는 미키의 정책이 당내 주류 세력과 맞지 않았다는 게 이유였습니다만, 사실은 '록히드 사건'으로 궁지로 내몰린 다나카가, 진상 규명을 전면에 내건 미키에게 앙심을 품고 해당 사건에 연루된 당내 인사들을 규합해 쿠데타를 일으킨 것이죠. 간사장으로 막대한 영향력을 행사하던 다나카가 대놓고 국정을 방해하니 미키 총리는 직을 내려놓지 않을 수 없었습니다.

아베 신조 전 총리 역시 총리 재임 기간 내내 마음을 졸여야 했습니다.

〈미키 다케오〉

ⓒ 일본 총리관저 ᴴ⁾

그의 영원한 숙적인 이시바 시게루 때문입니다.

아베는 2012년 12월 민주당으로부터 정권을 되찾으며 총리로서 화려하게 복귀했습니다. 3년 만에 정권을 회복했으니, 당무보다는 국정에 온전히 힘을 기울이고 싶었죠. 그래서 비록 라이벌이라 할지라도, 오랜 정치 경력으로 노련함을 갖추었으며 당무를 세심히 돌볼 수 있는 능력을 갖춘 이시바를 당내 실권자인 간사장으로 삼았습니다.

이시바는 이미 2000년대 초반부터 방위청 장관이나 농림수산성 대신, 방위성 대신 등을 두루 지낸 중진이었습니다. 또 야당 시절 2년간 당의 '톱3' 중 하나인 정무조사회장을 지내며 당무를 두루 익히기도 했죠. 그리고 그는 파벌의 영향으로부터 자유로운 '무파벌' 인사였기 때문에, 여러 파벌 간의 이해가 얽히며 갈등을 겪기보다 조정자의 역할을 다하리라는 기대도 있었습니다. 물론 직전 총재선거에서 아베에게 패배하긴 했어도 일반 당원으로부터의 지지가 두텁다는 사실도 작용했습니다.

하지만 정치는 뜻대로 되는 게 아니었습니다. 아베 총리-이시바 간사장 체제를 통해 자민당 정권의 기반은 강고히 다질 수 있었습니다만, 두 사람 사이의 감정의 골은 점점 깊어만 갔죠.

애초에 총재선거에서 최대 경쟁자로 싸웠던 인물을 곁에 둔 게 잘못이었을까요. 아베가 최대 성과로 자부하는 경제정책 '아베노믹스'는 물론 '집단적자위권'[17] 행사를 두고 벌어진 일련의 갈등까지. 아베가 하고자 하는 일마다 이시바는 신중해야 한다며 견제구를 던졌습니다. 특히 집단적자위권의 행사에 관해 아베 총리는 헌법 해석 변경을 각의에서 결정하면 될 일이라고 주장한 반면, 이시바 간사장은 별도의 법안을 만들어야만 한다고 반발하며 훼방을 놓았습니다.

둘의 사이는 아베가 제2차 개조내각[18]을 구성하며 이시바 간사장에게 집단적자위권 행사의 법적 근거를 제도화하는 '안보법제담당대신' 자리를 제안하며 뚜렷하게 갈라지게 됩니다. 이시바가 제안을 거절했거든요. 헌법 해석과 집단적자위권을 둘러싸고 "뜻이 맞지 않는 인물들과 내각을 구성하는 것은 정치적 신념에 맞지 않는다"라는 것이 이유였습니다. 이시바는 이후 '포스트 아베' 자리를 노리며 아베 정권이 끝나기만을 기다렸습니다. 2012년부터 이어진 두 사람의 갈등과 견제는 2022년 7월 아베가 사망하며 비로소 막을 내립니다.

---

17) 집단적 자위권이란 "자국과 긴밀한 관계에 있는 국가가 공격을 받았을 때 자국에 대한 직접적 공격이 없었음에도 무력을 행사할 수 있는 권리"를 말합니다. 일본은 헌법 제9조 '전쟁포기조항'에 따라 무력의 행사가 금지되어 있기에 해당 조항을 어떻게 해석할 것이냐를 두고 갈등을 빚었습니다. 결국 아베 신조 총리 집권기인 2015년 9월 집단적 자위권 행사를 인정하는 '평화안전법제'가 통과하며, 일본은 유사시 무력을 행사할 수 있게 되었습니다.

18) 총리는 내각의 인적 쇄신 및 정책 방향 수정 등을 이유로 대신을 전부 또는 일부 교체하기도 합니다. 이를 '내각개조'(内閣改造)라고 하는데요. 내각총리대신의 전권으로 일컬어지는 국무대신에 대한 임면권(国務大臣任免権)에 근거합니다. 인사 교체를 통해 새로이 출범한 내각은 총리의 이름과 개조 횟수를 따 '제 몇 차 아무개 개조내각'이라고 불립니다.

권력을 이어가는 방법

3,000일vs50일, 천차만별 재임기간

　정해진 임기도 없이 여당 내 반발 세력의 견제를 견딤과 동시에, 해를 넘길 때마다 돌아오는 참의원, 중의원, 총재 선거까지 모두 이겨낸다는 건 사실상 불가능에 가깝습니다. 일본 총리가 왜 이리도 빈번히 바뀌는지 이해가 되죠. 그러나 불가능해 보이는 '장수 총리'를 이루어낸 인물들이 있습니다.

　태평양 전쟁 이후 통산 1,800일 넘게 재임한 인물이 다섯 있는데요. 바로 아베 신조(3,188일), 사토 에이사쿠(2,798일), 요시다 시게루(2,616일), 고이즈미 준이치로(1,980일), 나카소네 야스히로(1,806일)입니다. 다섯 명 모두 일본 정치사에 뚜렷한 흔적을 남긴 걸출한 정치인입니다. 평균 2년 남짓 재임하는 게 고작인 일본에서 5년 내외로 총리직을 유지했다는 것 자체로 이들이 얼마나 대단한 정치적 영향력을 갖추었는지 짐작할 수 있습니다.

　반면에 2년은커녕 1년도 버티지 못한 총리는 수두룩합니다. 아버지에 이어 총리에 오르며 일본 헌정사상 최초의 부자(父子) 총리 기록을 세운 후쿠다 야스오(福田康夫)는 딱 1년, 365일간 재임했습니다. 그보다 짧게 재임한 인물 중 우리나라에 가장 잘 알려진 전직 총리는 바로 하토야마 유키오일 텐데요. 2015년 광복절, 서대문형무소를 찾아 헌화하고 무릎을 꿇고 사죄한 것으로 유명하죠. 유명세와 달리 그의 총리 재임 일수는 고작 266일에 불과합니다.

　일본 역사상 가장 빠르게 총리직을 내려놓은 인물은 하타 쓰토무입니다. 1994년 4월 28일 총리에 취임한 하타는 기껏 64일 만인 1994년 6월

⟨나카소네 야스히로⟩ ⟨고이즈미 준이치로⟩

ⓒ 일본 총리관저 [1]

30일 총리 자리에서 물러났습니다. '55년 체제'의 막바지에 이르러 수많은 정치 집단 간의 권력 투쟁이 발발하던 90년대 초, 얼떨결에 총리에 오른 그는 자민당, 사회당, 사키가케 연립 세력에 의해 내각불신임결의를 받고 순식간에 불명예 퇴진하고야 말았습니다.

내막을 잠시 살펴보겠습니다. 1993년 중의원 총선거에서 자민당은 과반수 획득에 실패합니다. 당시 의석의 과반을 차지하고 있던 사회당, 사키가케 등 7개 야당은 신생당(新生党)의 호소카와 모리히로를 중심으로 손을 잡아 연립정권을 수립했습니다. 그러나 정치적 노선과 이념의 차이로

권력을 이어가는 방법

이들의 단결은 오래 가지 못했는데요. 호소카와 내각은 1년도 버티지 못하고 무너졌습니다. 이후 하타 내각이 들어섰으나 연합 세력 중 사회당과 사키가케가 자민당과 손을 잡고는 하타 내각을 불신임으로 퇴진시켰습니다. 이후 무라야마 도미이치 내각이 발족하고 자민당은 1년 만에 연립으로나마 여당 자리를 되찾게 됩니다.

사실 일본 역사상 가장 단명한 총리는 54일간 재임한 히가시쿠니 나루히코(東久邇稔彦)입니다. 그는 일본 황족으로, 태평양 전쟁 패전 직후인 1945년 8월 17일 제43대 총리에 올랐습니다. 전후 첫 총리로 재임한 인물입니다만, 연합군의 지배에 따라 허수아비로 존재했을 뿐이므로 최장수·최단기 총리를 기록할 때 제외하기도 합니다. 그는 두 달도 채 되지 않는 기간 동안 연합군 사령부와 갈등만을 빚은 뒤 내각총사퇴로 물러났습니다.

⟨최장기 내각총리대신 순위⟩

이름	재임일수	취임일	퇴임일
아베 신조	2,822일 (7년 257일)	2012 / 12 / 26	2020 / 09 / 16
사토 에이사쿠	2,798일 (7년 248일)	1964 / 11 / 09	1972 / 07 / 07
요시다 시게루	2,248일 (6년 53일)	1948 / 10 / 15	1954 / 12 / 10
고이즈미 준이치로	1,980일 (5년 150일)	2001 / 04 / 26	2006 / 09 / 26
나카소네 야스히로	1,806일 (4년 346일)	1982 / 11 / 27	1987 / 11 / 06
가쓰라 다로	1,681일 (4년 221일)	1901 / 06 / 02	1906 / 01 / 07
이케다 하야토	1,575일 (4년 85일)	1960 / 07 / 19	1964 / 11 / 09
이토 히로부미	1,485일 (4년 20일)	1892 / 08 / 08	1896 / 08 / 31
기시 노부스케	1,240일 (3년 145일)	1957 / 02 / 25	1960 / 07 / 19
하라 다카시	1,133일 (3년 38일)	1918 / 09 / 29	1921 / 11 / 04

⟨최단기 내각총리대신 순위⟩

이름	재임일수	취임일	퇴임일
히가시노쿠니 나루히코	54일	1945 / 08 17	1945 / 10 / 09
하타 쓰토무	64일	1994 / 04 /28	1994 / 06 / 30
이시바시 단잔	65일	1956 / 12 / 23	1957 / 02 / 25
우노 소스케	69일	1989 / 06 / 03	1989 / 08 / 10
하야시 센쥬로	123일	1937 / 02 / 02	1937 / 06 / 04
야마모토 곤베	128일	1923 / 09 / 02	1924 / 01 / 07
오쿠마 시게노부	132일	1898 / 06 / 30	1898 / 11 / 08
스즈키 간타로	133일	1945 / 04 / 07	1945 / 08 / 17
아베 노부유키	140일	1939 / 08 / 30	1940 / 01 / 16
이누카이 쓰요시	156일	1931 / 12 / 13	1932 / 05 / 16

권력을 이어가는 방법

헌정사와 함께한 오자키·나카소네

　우리나라 역사상 최다선 의원은 누구일까요. 국내에서 치러진 모든 선거를 통틀어 역대 가장 많은 선수인 무려 국회의원 9선을 달성한 인물이 셋 있습니다. 바로 김영삼 전 대통령과 김종필 전 국무총리 그리고 박준규 전 국회의장입니다. 이들 세 사람은 1950~1960년대 정계에 입문한 이래 약 40년간 출마와 당선을 반복하며 대한민국 정치사의 화신이 되었습니다. 특히 김영삼·김종필 두 사람은 김대중 전 대통령과 함께 '3김 시대'를 풍미하며 우리나라 역사에서 빼놓을 수 없는 인물이 되었죠.
　하지만 '최다선 국회의원'만을 떼놓고 보면 어쩌면 '3김'의 두 사람보다 박준규 전 국회의장이 더 입지전적 인물일지 모르겠습니다. 박 전 의장은 무려 36년간 지역구에서 승리를 거듭하며 우리나라 역사상 유일한 '지역구 9선 국회의원'이라는 위업을 달성했기 때문입니다. 김영삼·김종필 두 사람은 현재의 비례대표에 해당하는 '전국구'에서 당선한 이력이 있거든요.

그렇다면 일본에서 가장 많이 당선한 정치인은 누구일까요. 또 얼마나 많은 선수를 기록했을까요. 먼저 짐작을 해 봅시다. 일본은 우리나라보다 훨씬 이른 1890년부터 의회를 구성하였으니 당연히 9선을 넘어선 10선, 15선 이상의 기록이 있을 것입니다. 또 대를 이어 선거구를 지배하고 있다 보니, 한 번 당선하면 수십 년을 내리 당선할 수 있을 것입니다. 이런 점을 생각했을 때 대략 20선이면 최다선이지 않을까 상상해 볼 수 있겠죠.

그러나 일본의 최다선 기록은 우리의 예상을 훨씬 뛰어넘는 무려 25선입니다. 주인공은 바로 오자키 유키오(尾崎行雄, 1858~1954) 전 사법대신입니다. '헌정의 신'(憲政の神樣) 혹은 '의회정치의 아버지'(議会政治の父)로 추앙받는 오자키는 현재의 게이오대학(慶応大学)과 도쿄대학(東京大学)의 전신인 게이오의숙(慶応義塾)과 고가쿠료(工学寮)에서 중퇴하고 신문기자로 근무하던 1890년 제1회 중의원 총선거에서 당선하며 정계에 진출합니다. 이후 94세의 나이로 낙선하기까지 총 63년간 열린 모든 선거에서 내리 당선하며 25선 국회의원이라는 전무후무한 기록을 남겼습니다. 이러한 오자키의 행보는 비단 일본 국내에서뿐만이 아니라 전 세계 어느 나라에서도 찾아볼 수 없는 불가사의한 전설적인 기록으로 남아 있습니다.

오자키에 이어 최다선 2위에 오른 인물은 20선을 기록한 나카소네 야스히로 전 총리입니다. 일본 보수 우파의 상징이자 생전 네 명의 천황을 경험한, 말 그대로 '일본 정치사의 산증인'으로 불리던 나카소네는 1947년 제23회 중의원 총선에서 처음 당선한 이후 2000년까지 단 한 번도 의석을 놓치지 않았습니다.

그런데 이상합니다. 오자키는 63년간 25번 당선했고, 나카소네는 53년간 20번 당선했습니다. 단순히 나눗셈으로 계산해 보면 오자키는 당선마다 평균 2.52년만큼 재임했고, 나카소네는 2.65년만큼 재임했습니다. 일본 헌법에 규정된 중의원 의원의 임기는 4년인데, 어째서 평균 3년도 채우지 못한 것일까요.

이는 일본 특유의 '중의원 해산 제도'에 기인합니다. 우리나라 국회는 4년 임기가 정확히 보장되며 아무도 그들을 임기 중에 해산시킬 수 없습니다. 종종 '어른의 사정'으로 인해 임기를 채우지 못하고 도중에 의원직에서 물러나는 경우가 있습니다만, 의회 자체를 통째로 해산시키고 새로이 총선을 치른다는 것은 우리나라에서는 상상할 수 없는 일입니다.

그러나 일본에서 의회의 해산은 '당연한 일'입니다. 오히려 중의원이 임기를 끝까지 채우는 일이 이상하게 여겨지죠. 실제로 전후 현재까지 치러진 중의원 총선거 중 4년 임기 만료로 인해 실시한 사례는 1976년 단 한 차례뿐입니다. 태평양 전쟁 이후 제국의회를 해산하며 1947년 치러진 제23회 총선거부터 2024년 이시바 내각의 중의원 해산에 의한 제50회 총선거까지 딱 한 번을 제외하고는 모두 중의원을 임기 전에 해산시켰다는 뜻입니다. 지난 77년간 27번의 선거가 있었으니 중의원의 평균 재임 기간은 2.85년 남짓에 불과합니다.

「일본국 헌법」을 보면 중의원의 해산은 내각의 조언과 승인에 따라 천황이 실시하게 되어 있습니다(제7조). 하지만 천황은 실질적인 통치 권한이 없는 '국민의 상징'에 불과하기에, 중의원 해산은 사실상 전적으로 총리의 의지에 달려 있습니다. 총리와 내각의 판단에 따라 중의원이 얼마든지 해산될 수 있다는 뜻입니다.

따라서 중의원 해산은 총리와 내각에 있어 가장 유리한 시기에 맞춰 정치적 이득을 얻기 위해 시행됩니다. 중의원이 해산되면 40일 이내에 총선거를 치러 새로이 국회를 구성해야 하는데요. 이 선거를 통해 총리와 내각에 대한 국민의 지지를 확인할 수 있고, 여당이 승리하고 총리와 가까운 인물들이 대거 의회에 진출한다면, 이는 향후 내각의 국정 운영에 강력한 추동력으로 작용하기 때문입니다. 실제로 태평양 전쟁 이후 중의원 해산이 26차례 있었는데, 이 중 '내각불신임 결의안 가결'로 인한 중의원 해산은 겨우 4차례에 불과했습니다. 나머지는 모두 내각의 입맛에 맞게 새로이 국회를 구성하기 위한 자의적 해산이었습니다.

12선 노장에 도전하는 4선 젊은 피

상황이 이렇다 보니 일본에서 3선 국회의원은 '주니어'에 불과합니다. 우리나라 국회에서 3선은 '중진'으로 분류되어 당내에서 나름대로 막강한 힘을 갖는 것과 대조적이죠. 우리나라였다면 3선부터 중량급 인사로 보고, 4선, 5선은 '고지'(高地)라고 불리며 위업을 달성한 것으로 평가받습니다. 때때로 5선 이상의 국회의원을 두고 '백전노장'(百戰老將)이라고 칭하며 정계의 '원로'(元老) 취급을 하기도 합니다.

반면에 일본에서 바라보는 4선, 5선은 한낱 '젊은 피'입니다. 일본어로는 '와카테'(若手)라고 하는데, 흔히 우리나라 정치에서 사용하는 '소장파'(少壯派)에 대응하는 표현입니다. 일례로 지난 2024년 10월 치러진 자민당 총재선거에서 '와카테'로 불리며 "경험이 부족하다", "아직 총재의 그릇이 아니다"라고 어린 아이 취급을 받았던 고이즈미 신지로(小泉進次郞) 전 환경대신은 5선이었고, 고바야시 다카유키(小林鷹之) 전 국무대신은 4선 의원이었습니다. 이들이 경쟁한 후보들이 7선 가토 가쓰노부(加藤勝信)·가미카와 요코(上川陽子), 9선 고노 다로·다카이치 사나에(高市早苗), 10선 모테기 도시미쓰, 12선 이시바 시게루였으니, 확실히 4선, 5선을 '젊은 피'라 부르는 게 이해가 됩니다. 참고로 같은 선거에 출마했던 하야시 요시마사(林芳正) 전 외무상의 경우 선수가 5선+1선, 총 6선으로 꽤 적어 보이는데, 사실은 해산 없이 6년의 임기가 보장되는 참의원에서 5선을 하고 중의원으로 옮긴 '40년 짬밥'의 중진 정치인입니다.

일본에서 일반 유권자가 느끼는 중의원 해산은 '당연한 일'이라고 했습니다만, 당연하다고 해서 꼭 아무런 불만도 없이 바람직하게 받아들이고 있다는 뜻은 아닙니다. 10년도 안 되는 사이에 총선거를 세 번이고 네 번이고 치르다 보니 국민적 피로감이 상당합니다. 해산의 이유도 총선거의 이유도 모두 총리와 내각의 '정치적 판단'에 기대다 보니, 정치와 선거 모두 유권자와 유리되어 있다는 인상을 느끼게 합니다. 의회가 어떠한 성역(聖域)으로 둘러싸여 있다는 인식은 유권자가 정치로부터 멀어지는 '정치 이탈 현상'(政治離れ)을 부추기고 있죠.

여기에 '세금 낭비'라는 비판도 항상 뒤따릅니다. 헌법에서 정한 임기를 채우지도 않고 수시로 총선거를 치르는 것도 마음에 들지 않는데, 이때마다 소모되는 세금이 막대하니, 바라보는 시선이 고울 리가 없습니다. 실제로 2024년 10월의 해산 총선거에는 815억 엔, 우리 돈으로 약 7,500억 원이 선거 경비로 투입됐습니다. 같은 해 4월 있었던 우리나라의 총선에는 약 4,400억 원이 사용된 것을 보면 실로 어마어마한 비용이라 할 수 있습니다. 우리나라 총선의 2배 가까운 비용을 2년에 한 번, 3년에 한 번 투입하고 있는 셈입니다.

800억 엔짜리 만세삼창

끝으로, 중의원을 해산하는 절차에 대해 알아보고 마치겠습니다. 총리가 중의원 임기가 끝나기 전 해산을 결심했다면 우선 각료회의(閣僚会議)를 소집해야 합니다. 각의(閣議)는 우리나라의 국무회의에 해당하는 기관으로 총리와 각 성청(省庁)의 대신이 참석합니다.

총리는 이 자리에 중의원 해산에 대한 안건을 상정하고 '모든 국무대신'의 서명을 빠짐없이 받아야 하는데요. 만약 해산에 반대하는 대신이 있다면 총리는 각의를 일시 중지하고 천황으로부터 해임통지서를 받아 해당 인물을 해임한 뒤 각의를 이어갑니다. 빈자리는 총리가 겸직하면 되는 일이니, 혹여나 일부 대신이 반대한다 해도 중의원 해산의 열차는 멈추지 않습니다. 총리가 마음을 먹기만 하면 내각 의결까지 일사천리로 가는 셈이죠.

모든 각료가 서명한 각의서는 천황의 앞으로 갑니다. 여기에 천황이 서명하고 어새를 찍으면 사실상 모든 절차는 끝이 납니다. 이후 남은 일은 총리가 서명하고 그 사본을 관방장관이 중의원 회의장으로 들고 가는 게 전부입니다.

중의원 해산은 만세삼창과 박수로 마무리됩니다. 해산 당일, 천황으로부터 중의원 해산의 조서가 발행되면 의장은 즉시 본회의를 개최하고 의원들을 소집해야 합니다. 본회의가 열리면 중의원 의장이 단상에 올라 천황의 조서를 대독하는데, "일본국 헌법 제7조에 따라 중의원을 해산한다.

권력을 이어가는 방법

몇 월 며칠 내각총리대신 아무개"까지 낭독을 마치면 의원들은 "반자이!(万歳; 만세)"를 크게 세 번 외칩니다. 만세삼창 후 손뼉을 치며 퇴장하죠.

별도의 산회 선언은 없습니다. 중의원 해산 조서를 낭독한 순간부터 의장을 포함해 모든 의원은 의원이 아니게 되었으므로, 의장의 산회 선포 권한 역시 사라지기 때문입니다. 의원이 아닌 자는 회의장 안에 있을 수 없으니 모두 일사불란하게 퇴장하는데, 이때 의회 경위들은 이들에게 경례를 하지 않습니다. 국회의원이 아닌 일개 일반인 아무개로 취급하는 겁니다.

만세삼창의 관례는 언제 어떤 이유로 생겨났는지 아무도 모릅니다. 생각해 보면 뜬금없이 의원직을 빼앗겨 '백수'가 된 것인데 무엇이 즐거워 만세를 외치는 건지 희한한 일입니다. 기록에 따르면 1897년 12월 제국의회 중의원 해산 당시 "박수가 일고 만세를 외치는 자도 있었다"(拍手起リ萬歳ト呼フ者アリ)라고 기재되어 있어 꽤 오래전부터 이어온 전통으로 보입니다.

혹자는 만세의 이유에 대해 "천황으로부터 삼가 받은 조서와 조인에 대한 경배"라고 설명하기도 합니다만, "속이 상해서" 혹은 "다시 돌아오겠다는 결의의 표현"이라고 설명하는 사람도 있습니다. 이유야 어찌 되었든 간에 일본만의 독특한 문화인 것은 틀림없습니다.

〈대표적인 중의원 해산 사례〉

해산일	내각	비고
1948 / 12 / 23	제2차 요시다 내각	〈담합 해산〉 현행 헌법 하 최초의 내각 해산으로, 요시다 총리는 중의원 총선거를 조기에 실시하기 위해 의회와 담합하여 내각불신임 결의안을 가결시킨 뒤 중의원을 해산했다. 당시에는 헌법 제7조에 따른 총리의 중의원 해산권이 인정되지 않는다고 보았다.
1953 / 03 / 14	제4차 요시다 내각	〈바카야로 해산〉 요시다 총리가 중의원 대정부질문 중 야당 의원에게 "바보 자식아!"라고 소리친 것을 계기로 내각불신임 결의안이 가결되었고 의회는 해산했다.
1960 / 10 / 24	제1차 이케다 내각	〈안보 해산〉 기시 노부스케 내각의 '일미안전보장조약' 조인을 계기로 사회당이 일으킨 내각 퇴진 운동의 결과, 후임 이케다 총리가 중의원을 해산했다. 당시 퇴진 운동을 지휘한 사회당 아사누마 이네지로 위원장은 해산 직전 극우 청년 야마구치 오토야에 의해 암살당했다.
2005 / 08 / 08	제1차 고이즈미 제2차 개조내각	〈우정 해산〉 고이즈미 총리는 우정사업 민영화를 시도하였는데, 참의원에서 법안이 부결되자 총선에서 민의를 묻고자 중의원을 해산시켰다. 해산을 반대하는 각료를 해임하면서까지 강경하게 대응한 고이즈미는 해산 총선거에서 압승을 거두었고 장기 집권의 길을 열었다.
2024 / 10 / 09	제1차 이시바 내각	〈일본 창생 해산〉 이시바 총리는 취임 직후 일본 사회를 혁신하기 위해 국민의 신임을 묻고자 한다는 이유로 중의원을 해산했다. 그간 총리 본인이 중의원 해산에 부정적이었던 만큼, '말 바꾸기 해산', '뒷돈 문제 감추기 해산'이라는 비판이 일었다.

권력을 이어가는 방법

장인정신의 다이묘 정치

정치를 대대손손 가업으로

아베 신조, 기시다 후미오, 고이즈미 신지로, 이시바 시게루, 하토야마 이치로, 고노 다로. 지금까지 언급한 일본 정치의 대표적 인물들인데요. 이들은 자민당 소속 정치인이라는 점 외에 또 하나의 공통점이 있습니다. 모두 '세습 정치인'이라는 점입니다. '세습'과 '정치인'이 한 단어로 붙어 있으니 한국인의 감각에서는 참 희한한 일이 아닐 수 없는데요. 일본에서는 별달리 어색함을 느끼지 않는, 꽤 익숙한 표현입니다. 혹자는 우스갯소리로 "일본에서는 정치도 가업이다"라고 평가하기도 합니다. 좋든 나쁘든 대를 잇는 일본의 '장인정신' 하나는 끝내주는 것 같습니다.

일본 정계의 세습 정치인은 대체로 30% 내외로 일컬어집니다. 구체적인 수치는 선거 때마다 달라지지만 의회의 대략 1/3을 세습 정치인이 채우는 현실은 변함이 없습니다. 이를 자민당 소속 국회의원으로 좁히면 세습 정치인의 비율이 40%까지 상승한다는 연구 결과도 있습니다. 제2차 기시다 내각 당시 각료 20명 중 9명이 세습 정치인이었다고 하니, 일본 정계에 세습 정치인이 얼마나 많은지 대충 감이 잡히죠.[19)]

참고로 우리나라는 일본과 달리 세습 정치인이 거의 없다시피 합니다. 주요한 사례를 그러모아도 한 손에 꼽을 정도죠. 지난 2020년 국회의장을 마지막으로 은퇴를 선언한 문희상 전 국회의원의 지역구에 아들인 문석균 씨가 출마하려 하자 이를 두고 세습 정치 논란이 불같이 일어난 것을 보면, 아무래도 우리나라에서 정치를 세습한다는 건 어불성설인 것 같습니다.

일본의 세습 정치 풍조에 관해 이야기하기 전에, 역사 이야기를 잠깐 하겠습니다. 앞서 일본은 메이지 유신을 계기로 근대 국가의 길을 걸었다고 설명한 바 있는데요. 메이지 유신이 있기 전, 그러니까 에도 시대 일본은 유럽의 중세와 같이 '봉건제' 사회였습니다. 당시 일본의 권력은 막부의 '정이대장군'(征夷大将軍) 즉 '쇼군'이 모두 쥐고 있었는데요. 다만 쇼군과 막부가 단독으로 일본 열도를 통치하기에는 한계가 있었습니다. 따라서 각

---

19) 일본 《교도통신》 등의 보도에 따르면, 2024년 10월 27일 치러진 이시바 내각에 의한 중의원 해산 총선거 당시 선거 후보에 등록한 전체 출마자 1,344명 중 약 10%인 136명이 세습 정치인이었습니다. 자민당 소속 후보자만 따로 보면 342명 중 97명이 세습 정치인으로 비율은 약 28%에 달합니다. 특히 기후현, 돗토리현, 야마구치현 등 전통적인 세습 지역구의 경우 모든 소선거구가 세습 정치인으로 채워졌습니다. 정치 개혁을 약속한 '이시바 자민당'입니다만, 세습 정치만큼은 공약의 실현이 요원해 보입니다.

권력을 이어가는 방법

지역은 전국시대 이래로 일정 부분 자치 권한을 보유하고 있던 무사 계급 '다이묘'(大名)가 다스리도록 시스템을 만들었죠.

다이묘는 쉽게 말해 지방 영주입니다. 쇼군으로부터 할당받은 영지인 '번'(藩)을 직접 다스리는 사람이죠. 번의 땅에서 나는 농작물을 직접 취할 수 있었고, 자치를 위해 필요한 인력을 고용하고 이들에게 봉급으로 쌀을 나눠주거나, 하부 조직을 구성하고, 하인을 거느릴 수 있었습니다. 땅이 너무나도 많은 다이묘는 자신의 부하에게 땅을 떼주어 경작하고 관리하도록 했습니다. 일종의 재하청입니다. 현대의 모습으로 보면 중앙정부와 지방정부의 모습 혹은 지방자치단체의 모습을 떠올릴 수 있겠습니다. 물론 현대의 민주주의와는 하늘과 땅 차이이기는 하지만요.

그런데 갑자기 왜 다이묘 이야기를 하냐고요? 때때로 일본의 세습 정치인을 두고 '현대판 다이묘'라고 표현하기 때문입니다. 에도 시대 다이묘 가문은 대대로 영지를 물려주고 물려받으며 권력을 누렸습니다. 다이묘가 죽으면 그 아들이 후계자가 되어 영주로서의 정치적·경제적 통치력을 행사했죠.[20] 이들의 지역 내 영향력은 대를 거듭할수록 공고해지고, 결국 외부인의 개입 자체를 불가하게 만들었습니다. 아주 특별한 경우를 제외하고, 아무리 쇼군이라 하더라도 다이묘 영지 내의 법과 행정에 간섭할 수 없었죠.[21] 이러한 모습은 현대 일본의 세습 정치에서도 찾아볼 수 있습니다.

화려한 일족의 복잡한 가계도

유력 정치인의 생애는 다이묘 가문과 유사합니다. 지역 내에서 막강한 영향력을 가진 국회의원이 사망하거나 질병을 앓거나, 모종의 이유로 의원직을 내려놓게 되면, 이 빈자리는 보통 그의 아들이 이어받습니다. 할아버지, 아버지, 나 그리고 나의 아들로 이어지는 권력의 세습이 공공연하게 일어나고 있죠. 가문 대대로 닦아놓은 인지도와 탄탄한 후원회는 당의 후보자 공인(公認)으로 연결되고, 손쉽게 국회의원 자리를 물려받는 것입니다. 일본에서는 이러한 지역적 토대를 지반(地盤)이라고 합니다.

한편으로 혼인을 통해 권력을 공고히 한다는 점도 매우 유사합니다. 에도 시대 다이묘는 인접한 영지의 유력한 가문과 적극적으로 혼인 관계를 맺어 권력을 강화했습니다. 우리나라 역사에서도 고려 태조 왕건이 지방 호족을 통합하고 왕권을 강화하기 위하여 혼인 정책을 적극적으로 활용한 예가 있는데요. 이와 유사한 형태가 다이묘 영지 단위에서, 가문 단위에서 발생했습니다. 권력자 간의 혼인은 현대 일본에서도 다르지 않습니다. 대대로 총리와 대신, 의원을 배출한 집안이 자신들과 유사한 힘을 가진 집안과 혼사를 치르고 상호 영향력을 다졌습니다.

이러한 세습 정치인의 대표 주자가 바로 아베 신조 전 총리입니다. 아베의 가문은 말 그대로 '화려한 일족'(華麗なる一族)입니다. 친가와 외가 모

---

20) 엄밀하게 말하자면 다이묘 가문이 소유한 영지에 대한 정치적, 경제적 통솔권을 갖는 가독(家督) 직을 승계하는 개념입니다. 가독은 장남 승계를 원칙으로 합니다만, 때때로 차남이나 친족 내 입양자를 후계로 삼기도 했습니다.

21) 그럼에도 다이묘는 막부의 정책적 바탕 아래에서만 권력을 누릴 수 있었습니다. 어디까지나 자치권을 보장받은 것이지 완전히 독립한 존재는 아니었기 때문이죠. 막부는 다이묘의 권한을 지속적으로 감시하고 조정했습니다. 특히 막부 말기에 들어 외세와의 접촉이 늘자, 외교, 무역, 군사 활동 등에 있어 막부의 통제가 강해졌습니다.

두 일본사에 길이 이름을 남긴 정치인들로 즐비하고, 유력 가문과 적극적인 혼인을 통해 정계는 물론 재계에까지 막강한 영향력을 행사하고 있죠.

아베의 할아버지 아베 간(安倍寬)은 야마구치현(山口縣)을 지역구로 하는 재선 중의원이었습니다. 아버지인 아베 신타로(安倍晋太郎)는 할아버지의 지역구를 이어받아 11선 중의원을 지냈고, 내각관방장관과 외무대신을 역임했습니다. 대를 이어 정계를 주름잡은 셈이죠. 한편으로 아베의 남동생인 기시 노부오(岸信夫)는 재선 참의원과 4선 중의원, 방위대신을 역임했습니다. 기시 노부오의 본명은 아베 노부오였습니다만, 후사가 없는 외가에 양자로 들어가 성이 바뀌었습니다.

외가인 기시 가문 역시 일본 정계의 유력한 가문입니다. 대표적으로 기시 노부스케 전 총리가 있죠. 기시 노부스케는 10선 중의원 의원과 외무대신을 지내고 자민당의 초대 간사장을 지낸 인물로, 자민당 강성 우익의 시조 격 인물입니다. 일본 정치사에 빼놓을 수 없는 거물이죠. 우리나라에는 '태평양 전쟁 A급 전범'이라는 악명으로 널리 알려져 있습니다.

그의 동생 사토 에이사쿠 역시 총리를 지냈습니다. 형제간에 성이 다른 이유는, 두 사람의 아버지 히데스케(秀助)가 사토 가문의 데릴사위로 들어가며 성이 바뀌었기 때문입니다. 참고로 기시·사토 형제의 큰 형인 사토 이치로(佐藤市郎)는 대일본제국 해군에서 중장을 지낸 군부 유력 인사입니다. 이처럼 아베·기시·사토 가문은 혼사와 혈연 그리고 세습으로 엮이며 누구도 넘볼 수 없는 강력한 정치 집단이 되었습니다. 지역구인 야마구치에서의 영향력은 왕과 다름없습니다.

한편으로 기시 노부오의 아들인 기시 노부치요(岸信千世) 중의원 의원은 병상에 누운 아버지를 대신해 지역구 보궐선거에 출마하여 당선했는데

〈아베·기시·사토 가문 가계도〉

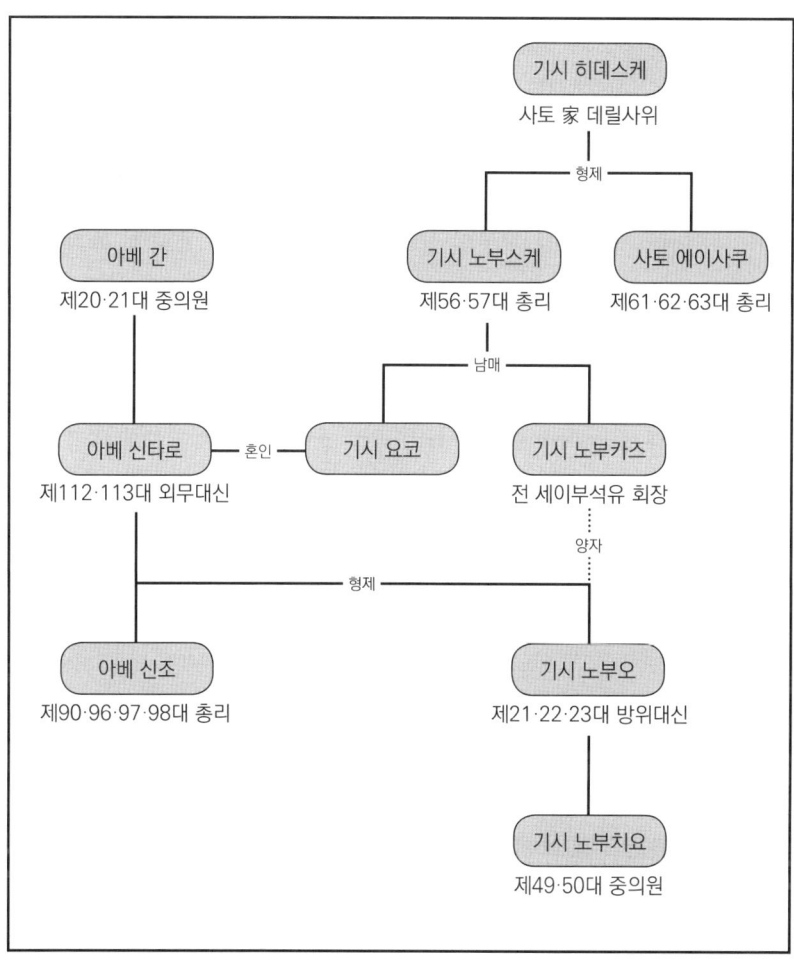

권력을 이어가는 방법

요. 보궐선거 출마 당시 개설한 홈페이지에 '화려한 일족'의 가계도를 떡하니 내걸었다가 큰 망신을 당한 적이 있습니다. 그는 홈페이지에 증조부 기시 노부스케와 증조숙부 사토 에이사쿠 전 총리를 필두로 총리와 중의원 의원, 내각 대신을 지낸 일가의 이름을 가계도로 정리해 게재하였는데요. 이를 두고 SNS에서는 "정치를 '가업'으로밖에 생각하고 있지 않다는 증거"라거나 "가계도가 제일의 세일즈 포인트인가"라는 비판의 목소리가 일었습니다.

이러한 아베·기시·사토 가문의 영향력은 2022년 7월 아베 전 총리의 피살 을 계기로 위기를 맞습니다. 아베 전 총리에게 후사가 없어 마땅히 권력을 승계할 인물이 없었다는 점에 더해, 그의 동생 기시 노부오 역시 건강상의 이유를 들어 의원직에서 내려왔기 때문이죠. 이틈에 지역 내 최대 경쟁자인 하야시 가문이 하야시 요시마사 내각관방장관을 위시하며 세력을 넓히고 있습니다. 부자는 망해도 3대는 간다고 합니다만, 아베·기시·사토 가문의 미래는 과연 3대를 넘어 4대로까지 연결될 수 있을지 귀추가 주목됩니다.

세습 정치, 과연 끝낼 수 있을까?

일본에서 정치인이 본인의 가족이자 사실상 후계자로 점지한 인물을 기용함으로써 경력을 쌓게 하는 일은 머나먼 과거부터 관행적으로 이어져 온 일입니다. 아베 전 총리 역시 아버지 신타로의 밑에서 비서로 일하며 정계에 입문했습니다. 하지만 해당 후계자가 정치인으로서 혹은 맡은 직책을 수행함에 있어 충분한 자질을 갖추고 있는지 제대로 검증되지 않고 있죠.

일례로 기시다 후미오 전 총리는 제101대 내각총리대신으로 재임 중이던 2022년, 장남인 쇼타로(翔太朗)를 총리비서관으로 채용했습니다. 본인의 뒤를 이을 '4세대 세습 정치인'을 만들기 위한 발판으로 보였죠. 총리가 자신의 아들을 채용하는 일은, 2000년대 중반 재임 중에 아들을 총리비서관으로 임명했던 후쿠다 야스오 전 총리[22] 이후 두 번째 사례로 꽤 이례적인 일이었습니다. 다만 앞서 언급한 바와 같이 일본 정계에서는 후계자를 대놓고 밀어주는 일이 비일비재 하기에 누구도 크게 문제 삼지 않았습니다. 아들이 총리 공저 안에서 망년회를 벌이기 전까지는 말이죠.

기시다 쇼타로는 2022년 연말, 국무총리 공관에 일가친척을 불러들여 망년회를 열었습니다. 내각 구성원의 기념 촬영에 쓰이는 장소에서 망년회 사진을 찍는가 하면, 개중에는 바닥에 누워 우스꽝스러운 자세를 취하는 사람도 있었습니다. 공관은 총리가 생활하는 곳으로 국정을 보는 집무실과는 구분되지만, 엄연히 공적인 공간입니다. 이러한 사실은 이듬해 6월 《주간문춘》(週刊文春)의 보도로 발각되었고, 아무리 가업을 이은 세습 정치가 보편적인 일본이라 할지라도 충격은 꽤 컸습니다. "외국이었다면 정권 퇴진감이다", "자식에게 너무 무르다", "긴장감 없는 정치가 초래한 사건"이라는 반응이 쏟아졌죠. 이를 기점으로 일본에서도 세습 정치인에 대한 반감과 비판이 거세게 일었습니다.

---

22) 후쿠다 야스오 전 총리 역시 일본에서 알아주는 정치인 가문의 일원입니다. 아버지는 '각복전쟁'의 당사자이자 제67대 내각총리대신을 지낸 후쿠다 다케오이며, 아들 후쿠다 다쓰오(福田達夫)는 4선 중의원 의원입니다. 아내 키요코(貴代子)는 중의원 의장과 외무대신을 비롯해 수많은 정치인을 배출한 사쿠라우치(櫻內) 가문과 닿아 있습니다.

〈일본 정계 주요 세습 가문〉

가문	현재 거점
아베·기시·사토	야마구치

아베 신조, 기시 노부스케, 사토 에이사쿠 총리를 비롯해 중의원, 외무대신, 방위대신 등 정계 주요 인물을 배출하였으며, 내리 4대에 걸쳐 친가·외가·사돈 등 혈연을 통해 정재계에 영향력을 행사하고 있다.

아소·오쿠보·요시다·스즈키	후쿠오카

아소 다로, 요시다 시게루, 스즈키 젠코 총리를 비롯해 '유신3걸' 오쿠보 도시미치와 일본제국 외무대신 마키노 노부아키 등 일본 정계의 걸출한 인물을 배출했다. 특히 아소 다로 전 총리의 여동생 노부코는 황족 토모히토 친왕(寬仁親王)과 혼인하여 황가에 편입되었다. 아소 가문의 원천인 '아소 시멘트'는 준재벌집단이며, 이들의 거점인 후쿠오카 이이즈카시(飯塚市)는 '아소 왕국'으로 불린다. 일본을 대표하는 '로열 패밀리' 중 하나.

하토야마	도쿄·홋카이도

5대에 걸쳐 일본 정계를 누비고 있는 독보적인 일족. 제6대 중의원 의장을 지낸 하토야마 가즈오 이래, '자민당의 아버지' 하토야마 이치로(총리), 히데오(중의원), 이이치로(외무대신), 유키오(총리), 구니오(총무대신), 기이치로(중의원), 지로(중의원) 등 수많은 정치인을 배출했다. 그밖에 관료, 법관, 교육자 등 다수의 유식자가 즐비하다.

고노	가나가와

19세기부터 지역 기반인 가나가와를 중심으로 지주, 촌장, 지방의회 의장 등을 배출한 유서 깊은 집안으로, 고노 지헤이(현의회 의장), 이치로(부총리), 겐조(참의원 의장), 요헤이(외무대신), 다로(중의원) 등 4대에 걸쳐 현재에 이르고 있다. 고노 가문은 자민당 소속이나 역대 정치인 모두 개혁적 성향을 보이는 특징이 있다.

기타

기시다 가문(岸田) : 외무대신과 총리를 지낸 기시다 후미오의 집안으로, 할아버지 마사키는 일본제국 해군성 차관과 중의원을 지냈으며, 아버지 후미타케는 5선 중의원을 지냈다. 대대로 거느리고 있는 지역 거점은 히로시마.

하야시 가문(林) : 역대 최장기 재임 관방장관인 하야시 요시마사를 중심으로, 귀족원 출신의 고조부 헤이시로, 조부 요시스케(중의원), 아버지 요시로(중의원) 등 4대가 정치인을 지내고 있다. 지역구는 야마구치로 아베 가문의 숙적으로 불린다.

고이즈미 가문(小泉) : 우리나라에 널리 알려진 고이즈미 준이치로 전 총리의 가문. 아들 신지로는 환경대신을 지냈으며 6선 중의원 의원이다. 준이치로의 조부이자 중의원 부의장을 지낸 마타지로에서 가문의 역사가 시작되며, 아버지 준야는 방위청 장관과 8선 중의원을 지냈다. 지역 거점은 대대로 가나가와.

일본 정치는 왜 이럴까

일본 정치는 왜 이럴까

제4장
정치인을 만드는 것

정치의 필수요소 '3방'

학벌이 지배하는 일본 정치

정치인이 태어나는 곳

우익의 모태 일본회의

정치의 필수요소
'3방'

권력 세습의 핵심 키워드

일본에 세습 정치인이 많다는 것은 그렇다 치더라도, 이들 세습 정치인이 세대를 이어가며 권력을 승계할 수 있었던 비결은 무엇인지 의문이 남습니다. 정치권력을 이어받으려거든 우선 멀쩡한 정치인이 되어야 하는데, 국회의원이란 본디 유권자의 선택을 받아 당선되는 것이기 때문이죠. 아무리 안정을 중시하는 일본이라지만 대대로 한 가문이 지역구를 이어받는 게 당연하다니. 선뜻 이해하기 어렵습니다. 지금부터 일본의 세습 정치를 완성하는 비결에 대해 알아보도록 하겠습니다.

일본에서는 흔히 '3방'(三バン)을 갖추어야 정치인이 될 수 있다고 일컬어집니다. '3방'은 지방, 칸방, 카방이라는 3개의 방을 합쳐 부르는 표현인데요. 이들은 각각 지방(地盤; 지반: 지역 기반), 칸방(看板; 간판: 직함, 지위), 카방(かばん; 가방: 정치자금)을 뜻합니다. 풀어서 말하자면 정치적 영향력을 행사할 수 있는 탄탄한 지역 조직과, 이름만 들어도 모두가 아는 번듯한 이력 또는 학력 그리고 험난한 선거전을 헤쳐나갈 수 있는 든든한 자금줄이라 할 수 있습니다. 이러한 조건을 두루 갖추어야 비로소 한 사람의 정치인이 탄생한다는 말인데, 우리나라에서 흔히 말하는 '학연, 지연, 혈연'에 해당하는 표현이라고 보면 되겠습니다.

우리나라나 미국을 비롯하여 세계 그 어느 나라를 가더라도 재력과 인맥 그리고 인지도는 정치인의 필수 요소로 거론됩니다. 정치인이 되고자 하는 인물은 이런 자질들을 갖추고자 매일 같이 부단히 노력하고 있죠. 이러한 자질에 대해 일반 유권자는 별달리 이상하다는 생각을 하지 않습니다. 물론 재력을 갖추기 위해 불법적인 행위를 하거나, 인맥을 이용해 부정한 혜택을 누리는 일만큼은 절대 용납하지 않습니다. 다만 그렇다고 해서 재력과 인맥, 인지도라는 요소를 정계에서 배제해야 한다고 말하지는 않습니다.

하지만 일본은 다릅니다. 각종 공직선거를 치를 때마다 '3방'이 얼마만큼 영향을 미치고 있는지에 관해 분석하고, 이들 요소를 배제해야지만 비로소 일본의 민주주의가 성장할 수 있다는 주장이 심심치 않게 들립니다. 혹자는 '3방'이 일본 정치의 "신진대사를 틀어막고 있다"라고 혹평하며 일대의 개혁을 요구하기도 하죠. 아예 지역구를 세습할 수 없도록 제도적 장치를 마련해야 한다, 정치 세습 자체를 금지해야 한다는 목소리도 있습니다. 이처럼 일본 정치 현장에 있어 '3방'이란, 단순한 정치인의 자질에서 그치는 것이 아니라, 정치권력 세습의 핵심 도구로 작용하고 있습니다. 그렇다면 이들 세 가지 요소가 실제 정치에서 어떻게 활용되고 있으며, 얼마나 중요한 역할을 하는지 알아보겠습니다.

예나 지금이나 선거는 사람 싸움

가장 먼저, 지방(地盤; 지반)은 지역 기반을 의미합니다. 지역 기반은 왜 중요할까요. 우리는 흔히 선거에서 이기려면 유권자의 마음을 사로잡아야 한다고 말하는데요. 유권자의 마음을 사로잡으려거든 한 번이라도 더 많이 만나고, 한 번이라도 더 이름을 노출하고, 최대한 접촉의 범위를 넓게 또 다양하게 가져야 합니다.

하지만 후보자 본인은 몸이 하나인 터라, 아무리 많이 돌아다니고 싶어도 그럴 수 없죠. 만화 속 닌자처럼 분신술을 쓸 수도 없는 노릇이고요. 바로 여기에서 지역 내 조직력의 중요성이 드러납니다. 후보자를 대신해 유권자와 접촉할 수 있는 인력, 즉 동원력이 얼마나 우수한가에 따라 당락이 결정되는 만큼 선거구 내에 막강한 영향력을 가진 조직을 많이 가지고 있어야 유리하고, 이들을 손쉽게 부릴 수 있어야 한층 더 유리한 것이죠. 각 조직의 충성심이 뛰어나다면 훨씬 좋습니다. 동서고금을 막론하고 선거는 역시 '사람' 싸움입니다.

일본의 선거 역시 마찬가지입니다. 선거구 하나에서 한 명만 당선하는 소선거구제를 채택하고 있는 일본 중의원 선거 특성상 상대 후보보다 한 명이라도 더 많은 유권자를 확보해야 하는 만큼 지반, 조직력, 동원력은 그 무엇보다 중요한 요소라고 할 수 있습니다. 그리고 조직력의 중심에는 후원회(後援会)가 있습니다.

후원회는 딱 잘라 이렇다 저렇다 그 성격을 설명하기가 어렵습니다. 꽤 많은 역할을 수행하고 있기 때문입니다. 후원회는 「공직선거법」에 따라 정치단체로 분류되는 집단으로, 선거철이면 전단지를 배포하거나 유세 차량을 운행하는 등 후보자 당선을 위한 여러 가지 활동을 전개하고 선거자금을 관리하는 등 선거사무소의 역할을 맡습니다.

선거가 끝나고 평시로 돌아오면 유세 활동을 할 수가 없기에, 지역 내 조직의 거점으로 기능하게 됩니다. 국회에서의 의원 활동을 보고하는 보고서를 발간하거나 보고회를 열기도 하고, 선거구 내 유권자와 정당을 연결하며 각종 안내를 보내기도 하죠. 또 연말이면 크리스마스 파티나 송년회를 개최하는 한편 지역 내 각종 행사에 참석해 '의원님'의 영향력을 과시하기도 합니다.

후원회 외에도 해당 정치인과 뜻을 함께하는 지역 조직은 무수히 많이 존재합니다. 지역의 향토 기업은 물론이고 다수 기업이 모여 구성한 업계 모임 등 이익집단이 대표적이며, 각종 현안에 목소리를 내고 영향력을 얻고자 하는 시민단체, 노동조합, 봉사활동 단체에 더해 지역의 유서 깊은 종교 단체까지 모두 주요한 지역 기반입니다. 그 밖에도 혈연, 지연, 학연으로 엮인 느슨한 연대까지 따지자면 끝이 없죠.

이러한 지반의 수장들은 머나먼 옛날 다이묘에게 충성하던 가신(家臣)들과 마찬가지로 대를 이어 충성을 바칩니다. 보수적인 일본 정계의 특성상 지역의 정치권력이 쉽게 바뀌지 않으니 이러한 관계가 형성될 수 있었습니다. 지역 정치인 가문은 대대로 탄탄한 조직력을 이어받아 권력을 공고히 할 수 있고, 지역 기반의 이해관계자들은 안정적안 혜택을 변함없이 누릴 수 있으니, 상부상조라고 할 수 있습니다.

아는 만큼 뽑힌다

다음으로 칸방(看板; 간판)은 말 그대로 '내가 누구인지' 설명하는 번듯한 타이틀을 말합니다. 정치인은 열흘 남짓의 선거운동 기간에 수많은 유권자에게 '나'를 알려야 하는 만큼 '내가 누구인지' 일일이 설명할 여유가 없습니다. 아주 짧은 순간에 빠르게 이미지를 각인해야 하는데, 이때 번듯한 간판만큼 좋은 게 없습니다. 다른 후보와 비교해 뚜렷한 특징을 지닌 간판을 내건다면 금상첨화겠죠.

앞서 선거는 세력 다툼이라고 했습니다만, 후보 간 세력의 크기가 비슷한 상황에서야 이를 타개할 방법은 역시 지명도(知名度) 뿐입니다. 정치판에 뛰어들기 전부터, 선거에 임하기 전부터 멋진 타이틀을 가지고 널리 이름을 알린 사람일수록 당선에 유리하다는 말입니다. 종종 대중에게 익숙한 가수나 배우, 연예인이 정치인으로 데뷔하는 경우를 볼 수 있는데요. 이때는 그 사람의 정치적 역량보다 지명도와 인기가 더 크게 작용했을 가능성이 높습니다. 그 밖에도 문화예술계의 저명인사나 유명 스포츠 스타, 지역 기업의 오너, 대학 교수 등이 높은 지명도를 무기로 삼아 정계에 뛰어들기도 합니다.

아무래도 후보가 난립하는 상황에서 각각 내세운 공약이 비슷하다면, 이름을 알고 있고 눈에 익은 사람이 훨씬 유리하겠죠. 특히 후보자의 이름을 직접 수기로 적어야 하는 일본 특유의 투표 방식은 '익숙한 이름'에 큰 경쟁력을 부여합니다.[23]

직함이 곧 나를 설명하는 수단이라는 사실은 우리나라 정치와 별반 다르지 않습니다. 하지만 일본 정치의 특징 중 하나인 '간판 만들기'는 우리와 조금 결이 다릅니다. 부모와 자식 간에 선거구를 공공연하게 세습하는 일본 정치 특성상 간판도 할아버지로부터, 아버지로부터 물려받을 수 있습니다. 할아버지와 아버지가 지역에서 맡고 있던 직함을 아들이 물려받음으로써 이른바 정치적 스펙을 한 줄 채울 수 있게 되는 셈이죠. 범인(凡人)이라면 쉽게 따낼 수 없는 '무슨 무슨 위원장'과 같은 자리를 쉽게 얻어내게 됩니다. 그 밑에 달린 조직력과 세력을 한 번에 흡수하는 일석이조(一石二鳥)의 효과는 덤입니다. 가문 대대로 내려오는 직함과 더불어 수십 년간 지역 정치를 휘어잡으며 널리 알려온 '이름'까지 이어받으니, 이보다 더 좋은 간판은 없습니다.

그 밖에도 젊은 정치인을 '저명한 인물'로 만드는 방법은 다양합니다. 앞서 언급한 것처럼, 본인이 총리나 내각 대신으로 있는 와중에 가까운 인물 또는 후계자로 지명한 자녀를 비서관이나 보좌진으로 채용하는 방식이 대표적이죠. 대학을 졸업하고 이렇다 할 정치적 경력 없이 사회생활을 하다

---

23) 일본은 공직선거법의 규정에 따라 선거권자가 투표용지에 후보자 이름을 직접 적어넣는 '자서식 투표'를 채택하고 있습니다. 널리 알려진 선진국 중에 국정 선거에서 자서식 투표를 강제하고 있는 나라는 일본뿐입니다. 물론 일본에서도 용지에 적힌 후보자 이름에 도장을 찍는 '기호식 투표'로 전환하자는 논의도 있었습니다만, 1994년 법 개정을 통해 채택한 이래 한 번도 실시된 바 없으며, 이듬해 곧장 기존 방식으로 회귀했습니다. 자서식 투표는 모든 후보의 정보를 인쇄할 필요가 없으니 선거 비용을 절감할 수 있다는 장점이 있는 한편, 이름이 알려지지 않은 후보는 상대적으로 불리하다거나, 이름을 적는 번거로운 과정으로 인해 선거 참여도를 떨어뜨린다는 치명적인 단점이 있습니다. 이 때문에 세습 정치인들이 일부러 정치에 대한 국민적 관심도를 낮추고 기득권을 유지하기 위해 법 개정을 하지 않는 것이라는 웃지 못할 음모론도 나돌고 있습니다.

가 출마한 후보와, '총리실 비서관'이나 중앙부처의 '특별보좌관'으로 일한 경험이 있는 후보, 대대로 국회의원을 배출하며 이름을 날린 집안의 후보는 말 그대로 천지 차이입니다.

돈만큼 확실한 것은 없다

마지막으로 카방(かばん; 가방)은 '돈가방' 즉 정치자금을 의미합니다. 세상 어느 나라를 보더라도 정치에는 항상 돈이 얽힙니다. 선거운동에 활용할 수 있는 충분한 자금이 없다면 당선은 꿈도 꿀 수 없습니다. 물론 일본과 우리나라에서는 선거공영제도(選擧公營制度)를 실시해 법률이 정하는 범위 내에서 지출한 선거 비용은 국가가 보전해 주는데요. 그럼에도 법의 테두리 밖에서 지출한 비용은 온전히 당 또는 후보자 개인이 부담해야 하는 실정입니다. 반면에 미국처럼 아예 모든 비용을 정치후원금으로 충당해야 하는 국가도 있습니다. 이러나저러나 세계 어느 나라를 가든 선거를 한 번 치르려거든 상상 이상의 거액을 소모해야 하는 건 마찬가지입니다.

우리나라는 과거 금권선거가 횡행하던 시기만 하더라도 '5당 4락'이라는 표현이 널리 쓰였는데요. 선거자금으로 5억 원을 쓰면 당선하고 4억 원을 쓰면 낙선한다는 말입니다. 선거의 종류에 따라 국회의원은 얼마, 지방의원은 얼마, 교육감은 얼마, 조합장은 얼마 등등 어렴풋한 시세가 정해져 있는 듯한 인상입니다. 선거의 종류나 시기에 맞춰 금액은 들쭉날쭉 조정되기는 합니다만, 이러한 유행어가 널리 알려져 있다는 건, 정치인이 되기 위해서는 큰돈을 펑펑 써야 한다는 사실을 시사합니다.

일본도 마찬가지입니다. 선거는 돈의 대잔치죠. 대체로 중의원 선거에

들어가는 비용은 우리 돈으로 약 1억 5,000만 원 내외로 일컬어집니다. 상세히 보자면, 선거사무소를 개설하고 운영하는 데 약 1,500만 원이 소모되고, 홍보 전단을 만들어 배포하고, 거리 유세 차량을 운용하는 등 제반 경비 명목으로 약 5,000만 원이 듭니다. 그밖에 인쇄물 제작과 홈페이지 운영, 외주 비용, 공탁금, 법무 대응까지 온갖 지점에서 지출이 발생하는데요. 이들 모든 비용을 그러모으면 대략 1억 5,000만 원 언저리라고 합니다. 다만 이는 어디까지나 어림잡은 평균치일 뿐, 때때로 3억 원, 4억 원, 크게는 수십억 원 가까이 비용을 지출하는 사례도 더러 있다고 합니다.

여기에서, 이 많은 돈을 어디서 어떻게 조달하는지 의문이 생깁니다. 본인 주머니에서 꺼내 쓰기에는 너무나도 큰 금액이니 말이죠. 국회의원은 다양한 루트를 통해 정치자금을 모을 수 있습니다. 상세히 보자면 개인·법인·단체로부터 받은 기부금이나 '정치자금 파티'의 수입, 당비 지원, 정당 교부금 등으로 구성되어 있는데요. 이들 정치자금의 조달 방법 중 가장 대표적인 기부금에 대해 간단히 살펴보겠습니다.

기부금은 우리나라의 정치후원금과 같은 맥락의 돈입니다. 선거에 출마한 후보자는 후원회를 설립하고 기부금을 모집할 수 있는데요. 이렇게 모인 기부금은 강연회나 공부 모임 개최, 지역 내 홍보활동 등 정치 활동 전반에 활용할 수 있으며, 선거 기간 중 선거운동 관련 비용으로 지출할 수 있습니다. 인건비나 사무소 임대료 등이 대표적이죠. 그 밖에도 정치단체의 대표자인 정치인 본인의 활동 전반을 지원하는 데도 쓸 수 있습니다. 활동 '전반'이라는 표현에서 알 수 있듯이, 일본에서는 정치자금의 활용처에 대해 별달리 제한을 두고 있지 않습니다. 사실상 사적(私的) 용도로 활용하였다 하더라도, 사용 내역을 정기 보고서에 상세히 담아 제대로 투명하게 공개하기만 한다면 아무런 문제가 없는 것이죠. 그런데 이마저도 제대로 하지 않았다가 2024년, 전례 없는 '정치자금 파티' 파동이 벌어져 자민당이 발칵 뒤집어지기도 했습니다.

참고로 기부금을 보낼 수 있는 건 개인뿐입니다. 법인이나 단체 명의로 특정 후보의 후원회에 직접 기부할 수는 없게 되어 있습니다. 정 법인 이름으로 기부금을 보내고자 한다면 수신처는 후보가 아니라 정당이어야 합니다. 또 선거 기간 중에는 기부금을 모집할 수 없게 되어 있는데요. 따라서 선거 기간에 돌입하기 전에 미리 후원회를 설립해 가능한 많은 양의 돈을 축적해 두는 게 중요합니다. 상대 후보보다 더 많은 자금을 비축한 채로 레이스에 뛰어드는 게 무조건 유리한 법이니까요.

이쯤에서 일본 정치의 고질병인 세습 문제가 다시 등장합니다. 아버지의 선거구를 이어받아 아들이 출마한다고 가정해 봅시다. 현역 의원으로 선거구 내에서 영향력과 자금력을 확보한 아버지는 자신의 후계자인 아들에게 '모든 것'을 물려줍니다. 여태껏 지역에서 선거를 도왔던 개인이나 집단, 단체, 기업 등 인적자원은 물론이거니와 '돈가방'도 한꺼번에 넘겨주는 거죠. 거액의 정치자금을 넘겨준다니, 상속세나 증여세가 들지 않을까 의문이 들 수도 있는데요. 일본의 현행법상 '정치단체'의 명의 변경에 따른 자금 이전은 비과세 항목입니다. 수십 년간 쌓아온 정치자금이 세금 한 푼도 떼지 않고 아버지에서 아들로 넘어가는 셈입니다.

일례로 2022년 암살로 생을 마감한 아베 신조 전 총리의 경우, 사망 이후 정치단체의 승계 문제가 불거진 바 있는데요. 그가 대표자로 있던 정치단체 '신와카이'(晋和会)와 '자민당 야마구치현 제4선거구지부'에 약 2억 엔 이상의 정치자금이 쌓여 있었기 때문입니다. 후사가 없이 세상을 떠난 탓에 이들 두 단체의 수장을 누가 맡을 것인지, 또 이들 앞에 놓인 거액의 자금을 누가 이어받을 것인가를 두고 세간의 이목이 쏠렸습니다.

결국 아베 전 총리의 뒤를 이은 것은 그의 배우자인 아키에(安倍昭惠)였습니다. 남편이 사망한 당일 곧장 두 단체의 대표직을 승계한 것으로 훗날 밝혀졌죠. 이로써 우리 돈으로 약 30억 원에 육박하는 정치자금도 고스란히 아키에의 것이 되었습니다. 물론 세금은 한 푼도 내지 않았습니다. 유산의 상속이 아니라 단체의 승계였기 때문입니다. 아키에는 향후 정계 진출의 의사가 없다고 천명한 바 있기에, 거액의 정치자금이 어떻게 사용될지, 의문은 여전히 풀리지 않고 있습니다.

지금까지 살펴본 바와 같이, 일본 정치인의 필수 요소로 꼽히는 '3방'은 "조건만 갖추면 누구나 정치인이 될 수 있다"라는 희망 가득한 표현이 아니라, 이미 고일 대로 고여버린 정치인들이 권력을 틀어잡기 위해 휘두르고 있는 강력한 세 가지 무기라고 할 수 있겠습니다. 정치인이 되기 위한 필수 요소라기보다는, 정치권력을 지키기 위한 필수 요소라고 해야 맞을지 모르겠습니다.

일본판 'SKY 캐슬' 도쿄·와세다·게이오

지금까지 등장한 일본 정계의 거목 중 누가 인상에 남으시나요? 일본 현대 정치의 초석을 다진 요시다 시게루와 하토야마 이치로? 세습 정치의 핵심 인물인 기시 노부스케와 사토 에이사쿠도 떠오르네요. 1970년대 자민당 내 권력 투쟁의 한복판에 있던 후쿠다 다케오, 나카소네 야스히로, 미야자와 기이치 등도 기억에 남습니다. 갑자기 웬 복습 시간인가 싶으실 텐데요. 여태껏 언급한 여러 인물은 한 가지 공통점이 있습니다. 자민당 소속에 총리를 지냈다는 점 빼고요. 바로 모두 도쿄대(東京大学)에서 공부했다는 점입니다.

초대 일본 내각총리대신 이토 히로부미부터 현재 103대 총리 이시바 시게루까지, 약 140년간 일본의 최고지도자는 65명이 있었습니다. 그리고 이들 중 4분의 1가량인 17명이 도쿄대 출신입니다. 압도적인 결과죠. 지금부터 일본 정치의 바탕에 깔린 학벌주의에 대해 알아보겠습니다.

2023년 일본의 4년제 대학 진학률은 57.7%였습니다. 우리나라의 72.8%에 비해 현격히 낮은 수치입니다. 이마저도 꽤 상승한 결과입니다. 2000년대 초반까지만 해도 일본의 대학 진학률은 50%를 밑돌았거든요. 혹자는 이처럼 낮은 대학 진학률을 근거로, 일본 고등학생들은 대학 진학에 목을 매지 않으며 학벌주의도 심하지 않다는 주장을 펼치기도 하는데요. 실상은 전혀 그러하지 않습니다. 학벌주의의 본고장은 우리나라가 아니라 일본입니다.

일본은 중학교 진학부터 입시를 치릅니다. 중학교부터 고등학교까지 합쳐 6년제로 운영하는 '중고일관교'(中高一貫校) 사립중학교는 대학 입시를 방불케 합니다. 일본에서 가장 대학을 잘 보낸다고 소문이 자자한 명문 사학인 가이세이중학고교(開成中学校·高等学校)는 300명 남짓한 신입생 선발 시험에 매년 1,300명 가까운 초등학생이 시험을 치러 오기도 합니다. 가이세이는 매년 150명씩 도쿄대를 보내고 있으니, 중학교 입시만 잘 치르면 남은 인생은 탄탄대로라고 보는 거죠. 명문 학벌을 쟁취하기 위해 중학교 입시부터 열을 올린다니. 중학교 입시가 폐지된 우리나라에서는 보기 힘든 광경입니다.

일본 사회에서 학벌이 미치는 영향은 실로 어마어마합니다. 정계·재계·학계를 불문하고 끌어주고 당겨주며 자신들의 입지를 공고히 하고 있죠. 일본의 학벌주의를 대표하는 집단은 바로 게이오대학(慶応義塾大学)의 미타회(三田会)입니다. 본부 캠퍼스가 위치한 도쿄 미나토구의 지명을 따

정치인을 만드는 것

서 이름을 지은 미타회는, 게이오 출신 인사들로 구성된 동창회입니다. 이들은 일본 전국 각지는 물론 세계 곳곳에 지역별 미타회를 두고 있으며, 법조회, 회계사회, 치과의사회 등 직역별 미타회도 구성하고 있습니다. 또한 정부 부처별 관료 집단끼리 따로 모인 미타회도 존재한다고 알려져 있습니다.

일본 국내를 넘어 전 세계를 아우르는 미타회는 약 800개 이상의 산하 단체가 있으며, 그 회원 수는 적게는 30만에서 많게는 40만에 달하는 것으로 알려져 있습니다. "게이오가 일본 사회를 주름잡고 있다"라고 해도 전혀 틀리지 않죠.

게이오의 미타회 외에도 도쿄대의 아카몬회(赤門会), 히토쓰바시대(一橋大学)의 죠스이회(如水会), 와세다대(早稲田大学)의 도몬회(稲門会) 등 명문 대학의 학벌 집단은 현재도 활발히 움직이고 있습니다. 참고로 일본에서는 관료계는 도쿄, 정계는 와세다, 재계는 게이오가 꽉 잡고 있다고 보고 있습니다.

그렇다면 일본 정계에 미치는 학벌의 영향력은 어떠할까요. 앞서 언급한 바와 같이 역대 일본 총리 65명 중 17명은 도쿄대 출신입니다. 이어 명문 사학인 와세다 출신이 8명, 게이오의숙 출신이 4명입니다. 여기에 교토대(京都大学) 2명과 메이지대(明治大学) 2명을 더하면, 총리 배출 대학 순위 상위 5개 학교에서 절반이 넘는 51%, 33명의 총리를 배출한 셈이 됩니다.

한편으로 2024년 10월 중의원 해산 총선거에서 당선한 국회의원 465명 중 130명이 도쿄대 출신이었으며, 86명이 와세다, 63명이 게이오 출신이었습니다. 60% 이상이 세 개 학교 출신 인물로 채워졌다는 뜻입니다. 여기에 총리 배출 순위와 마찬가지로 교토대 29명과 니혼대(日本大学) 25

명을 포함해 상위 5개 학교까지 확장하면 정원 465명 중 333명으로 70%를 넘어섭니다.

참고로 우리나라 제22대 국회의원의 최종 학력 기준 출신 학교 상위 5개 대학 순위는 서울대 62명, 고려대 33명, 연세대 24명, 성균관대 13명, 한양대 8명이었습니다. 이른바 SKY(서울·고려·연세) 편중 현상이 극심하다고 일컬어지는 우리나라입니다만, 5개 대학을 모두 합하더라도 46% 남짓입니다.

'도련님'은 에스컬레이터 타신다

지금까지 살펴본 바를 바탕으로 "일본에서는 좋은 대학을 나오면 국회의원이 될 수 있다!"라고 오해하시면 곤란합니다. 특정한 몇몇 대학 출신의 정치인들이 지나치게 많은 것은 사실이나, 이들이 모두 학력이 좋아서 당선한 것은 아니기 때문입니다. 오히려 거꾸로 생각하는 게 맞을 수도 있습니다.

훌륭한 교육을 향유할 수 있는 튼튼한 배경을 지닌 집안, 특히 세습 정치인 집안의 인물인 덕에 좋은 대학을 나왔다고 생각할 수도 있는 것이죠. 앞서 알아본 대표적인 세습 정치 가문인 기시·사토 가문을 비롯해 하토야마 가문, 후쿠다 가문, 고이즈미 가문, 아소 가문 등 명문가에서 곱게 자란 인물들이 즐비하다는 걸 보면 대충 감이 옵니다.

특히 국립대가 아닌 소위 명문 사립 대학은 공부를 잘해서 입학하는 수도 있지만, 그렇지 않은 경우도 꽤 많다는 사실에 주목해야 합니다. 일본의 사립 대학은 유치원부터 초등학교, 중학교, 고등학교, 대학까지 큰 무리 없

정치인을 만드는 것

이 '에스컬레이터'를 타고 진학하는 시스템이 존재하는데요. 이러한 시스템의 수혜를 입은 대표적인 인물이 아베 전 총리입니다. 그는 초등·중등·고등·대학 일관 시스템을 운영하는 세이케이대학(成蹊大学)을 나왔는데요. 정계·재계·연예계 인사의 자녀들이 어려움 없이 학벌을 흡수하며 인맥을 만드는 대학으로 익히 알려져 있습니다. 아베는 에스컬레이터 진학 시스템 덕에 한평생 수험을 치러본 적이 없습니다.

여담으로, 아베의 아버지 신타로와 아베가 위인으로 모시는 외할아버지 기시 노부스케는 모두 도쿄대 출신입니다. 때문에 아베는 어린시절부터 줄곧 "반드시 도쿄대에 가야 한다"라는 어른들의 압박을 받으며 자랐는데요. 결국 도쿄대는 가지 못했고 에스컬레이터를 탄 탓에, 학벌 스트레스가 이만저만이 아니었다고 전해집니다. 이로 인해 고학력자가 즐비한 일본 정가의 관료들과 심리적 거리감이 있었다고 합니다. 특히 도쿄대 출신 엘리트가 장악한 재무성 관료들과의 면담 자체를 꺼렸다고 알려져 있습니다.

어쩌면 학벌 역시 앞서 살펴본 '3방'과 같이, 돈과 권력이 있다면 얼마든지 만들어낼 수 있는 스펙 중 하나가 아닌가 싶다가도, 누군가에게는 아무리 노력해도 안 되는 게 있다는 걸 보여주는 지점이 아닐까 생각해 봅니다.

〈역대 일본 내각총리대신 출신 대학 순위〉

대학명	인원	인물
도쿄대학 (東京大学)	17	(舊 제국대학) 사이온지 긴모치, 가토 다카아키, 와카쓰키 레이지로, 히라누마 기이치로, 하마구치 오사치, 시데하라 기쥬로, 히로타 고우키, 요시다 시게루, 하토야마 이치로, 가타야마 데쓰, 아시다 히토시, 기시 노부스케, 사토 에이사쿠, 후쿠다 다케오, 나카소네 야스히로, 미야자와 기이치 (現 도쿄대학) 하토야마 유키오
와세다대학 (早稲田大学)	8	이시바시 단잔, 다케시타 노보루, 가이후 도시키, 후쿠다 야스오, 오부치 게이조, 모리 요시로, 노다 요시히코, 기시다 후미오
게이오의숙대학 (慶応義塾大学)	4	이누카이 쓰요시, 하시모토 류타로, 고이즈미 준이치로, 이시바 시게루
교토대학 (京都大学)	2	고노에 후미마로, 이케다 하야토
메이지대학 (明治大学)	2	미키 다케오, 무라야마 도미이치
호세이대학 (法政大学)	1	스가 요시히데
죠치대학 (上智大学)	1	호소카와 모리히로
가쿠슈인대학 (学習院大学)	1	아소 다로
히토쓰바시대학 (一橋大学)	1	오히라 마사요시
메이지학원대학 (明治学院大学)	1	다카하시 고레키요

정치인을 만드는 것

정치인이 태어나는 곳

미래 정치인 양성소 '쥬쿠'

    우리나라는 흔히 '인적자원'이 전부인 나라라고 불립니다. 다른 나라에 비해 석유나 광물 등 천연자원이 부족하여 외세에 의존하고 있으며, 가진 것이라고는 '사람'이 유일하니 사람을 자원으로 잘 활용해 경제를 일으키고 나라를 부강하게 한다는 뜻이죠. 우리나라는 여태껏, 아무래도 주어진 환경이 혹독하다 보니 가진 자원을 최대한 효율적으로 활용하며 성과를 만들어왔습니다. 즉 가능한 짧은 시간 안에 사람을 쥐어짜서 결과물을 만들어내고, 정해진 틀 속에서 맡은 역할만을 기계처럼 수행하게끔 교육했죠. 요즘에야 여건이 나아져 장기적인 안목에서 인력을 충원하고 인재를 키워내는 풍조가 자리잡고 있기는 합니다만, 여전히 갈 길이 멉니다.

우리나라에서 인재 양성을 논할 때 특히 눈에 띄는 분야가 바로 정치입니다. 나쁜 의미에서 말입니다. 그간 우리나라 정계는 인재를 다룸에 있어 '양성'이 아니라 '영입'에만 몰두해 왔습니다. 보혁 가릴 것 없이 여느 정당이나 선거철만 되면 특정 분야에서 한가락한다는 인물을 꼬드기기에 바빠지죠. 먼 미래를 내다보며 우리 정당의 가치에 부합하는, 우리나라의 앞날을 짊어질 수 있는, 훌륭한 인재를 키워내겠다는 생각은 추호도 없습니다. 그렇다 보니 겉과 속 모두 멀쩡한 상태로 정치 인재를 양성하고 있는 곳은, 과거 바른정당의 산하기관에서 독립해 10년 가까이 버티고 있는 '청년정치학교'가 유일합니다. 나머지 정당은 짧게는 2주, 길어야 석 달 내외의 간략한 '당원 교육'을 할 뿐이죠.

일본은 어떨까요. 자민당은 1957년 7월 당원의 자질 향상과 인재 발굴 및 육성을 목적으로 당 본부에 '중앙정치대학원'을 설치했습니다. 창당 당시부터 인재 양성의 중요성에 주목하고는 2년 남짓의 준비 기간을 거쳐 개교한 것입니다. 해당 기관은 당 산하의 인재 양성소 역할을 하며 "국가와 지역의 장래를 짊어질 수 있는 인재를 발굴하고 육성하겠다"라는 이념 아래 당원뿐만 아니라 일반 지역 주민이나 학생까지 대상으로 교육을 실천하고 있습니다. 50년, 100년, 더 먼 미래를 대비하기 위해 정치에 박식한 인재를, 당의 가치에 부합하고 당의 미래를 이끌어갈 수 있는 인재를 착실하게 육성하고 있는 것입니다.

일본에서는 이러한 교육기관을 '쥬쿠'(塾; 숙)라고 부릅니다. 자민당은 '쥬쿠'를 지방정치학교 단위에서 활발히 전개하고 있습니다. 전국 47개 지역지부 연합회에 설치된 지방정치학교는 우리나라 정당이 전개하는 '○○당 정치학교'가 길어야 두어 달 서너 번 강의하는 것과 달리, 적어도 6개월에서 길게는 1년에 걸쳐 장기적이고 깊은 강의를 제공합니다.

일례로 2024년 도쿄지부 지방정치학교에서 실시한 'TOKYO자민당정경숙'(TOKYO自民党政経塾)은 일반 리더 코스의 경우 5만 엔의 수강료를 지불하면 16회에 걸쳐 교육을 들을 수 있습니다. 전문 정치인 코스를 선택한다면 비용은 10만 엔이며 교육 횟수는 32회가 됩니다. 별도 합숙강좌를 포함해 장장 8개월짜리 교육입니다. 심지어 교육 과정 졸업생에게 공직선거 후보 공인을 주기도 합니다. 미래 정치가를 양성하기 위해 얼마나 열과 성을 들여 교육하고 있는지 엿볼 수 있는 대목입니다.

교육의 질과 접근성 역시 꽤 신경 쓰고 있는데요. 당의 간부는 물론 내각에서 대신을 지낸 인물을 각 지역으로 보내 자민당의 정책과 이념을 충실하게 전파하고 있죠. 또 대학생 등을 대상으로 국회의원 사무소 비서 인턴십 프로그램을 연계하거나, 당 소속 사무소에서 일할 기회를 제공하는 등 필드에서의 경험까지 챙겨줄 수 있도록 구성되어 있습니다. 그리고 인터넷을 통해 강의를 들을 수도 있으며, 일부 공개강좌는 유튜브 등 온라인 플랫폼에 무료로 공개하고 있습니다. 자민당에 관심이 있는 사람이라면 누구든지 당의 생각과 비전을 알 수 있도록 해 둔 것이죠.

자민당 외에 다른 정당도 나름대로의 교육 기관을 운영하고 있긴 합니다. 제1야당인 입헌민주당도 '입헌정치숙'(りっけん政治塾)을 통해 당의 사고방식과 정책 노선을 교육하고 있습니다. 올해 실시한 프로그램을 보면 "뒷돈과 금권 정치에서 빠져나오지 못하는 자민당 정치로 나날이 정치 불신이 높아지고 있다"라고 교육 취지를 밝히고 있는데요. 대놓고 자민당을 저격하고 정권교체를 이룩하고자 함을 알리고 있죠. 이에 동조하는 '안티 자민당'의 참가를 독려하고 있습니다. 입헌민주당의 프로그램은 자민당

과 달리 약 한 달간 운영하며 5회 교육이 전부입니다. 우리나라의 정당들과 비슷한 모양새죠.

당 중앙뿐만 아니라 지역 조직에서도 교육 활동을 전개하고 있는데요. 각 지부의 'OO아카데미'(アカデミー)입니다. 지방선거에 출마하거나 국회의원 비서실에서 일하고자 하는 사람, 입헌민주당의 강령과 정책에 찬동하는 사람을 대상으로 합니다. 자민당의 정치대학원과 마찬가지로 당의 미래를 짊어질 청년과 미래 인재, 당원을 육성하는 것이 목표입니다.

어쩐지 여기까지 보니 자민당의 정치대학원이 얼마나 대단한지에 대해 입에 침이 마르도록 칭찬한 것 같은데요. 저는 오히려 자민당의 주도면밀함에 주목하고 싶습니다. 자민당의 정치적 영향력을 오래도록 유지하기 위해 중앙부터 지방까지 차근차근 영향력을 넓히고 있다는 인상을 받았거든요. 지금의 권력에 머무르는 것이 아니라, 미래의 권력까지 안정적으로 확보할 수 있게끔 포석을 깔아두는 치밀함이 이들의 무기였습니다.

사람의 목숨은 유한하지만 가치와 이념, 권력의 계승은 무한한 법입니다. 특히 정치는 백 명의 무관심한 사람이 아니라 한 사람의 열성 지지자가 내는 목소리가 더욱 소중한 노릇이니, 큰 틀에서 멀리 내다보고 인재를 양성하는 것, 당원을 만들어 나가는 것은 더없이 중요한 일이겠지요. 여전히 정치를 '나라님 하시는 일'이라 치부하는 일본이지만 신인의 등용문은 우리보다 넓은 것 같습니다.

지금까지 각 당이 나서 열성적인 당원과 지지자를 육성하는 프로그램을 알아보았는데요. 이와 달리 진정으로 '정치인'을 만들기 위한 목적으로 설립된 시스템은 무엇이 있을까요. 일본에는 대학에서조차 배우지 못하는 '진짜 정치인'이 되는 방법을 가르치는 곳이 있습니다.

정치인을 만드는 것

'경영의 신'이 만드는 일본의 미래

본격적인 이야기에 앞서 잠시 숨을 돌리고 가겠습니다. 여러분, 앞서 등장한 노다 요시히코와 다카이치 사나에를 기억하시나요? 노다는 '자폭' 해산에 따른 중의원 총선거에 참패해 민주당 정권의 문을 닫았다고 말씀드렸고, 다카이치는 지난 자민당 총재 선거에 출마해 이시바 총리와 겨뤘다고 설명드린 바 있습니다. 노다는 정계 입문부터 현재까지 개혁적 보수파에 몸담은 뼛속까지 민주당인 인물이며, 민주당 소속으로 총리를 지내고, 현재는 입헌민주당의 대표를 맡고 있죠. 반면에 다카이치는 아베 전 총리의 우익 성향을 이어받은 정신적 후계자로 일컬어지며 자민당 우파의 핵심축을 담당하고 있습니다.

이렇게나 다른 두 사람을 한 문단에 서술하려니 이질감이 상당한데요. 사실 다 이유가 있습니다. 일견 정치적으로도 사상적으로도 이질적인 두 사람에게는 한 가지 공통점이 있기 때문입니다. 바로 '마쓰시타정경숙'(松下政経塾) 출신이라는 점입니다. 물과 기름 같은 두 사람이 동문수학한 선후배라니, 어떻게 된 일일까요.

우리나라에도 익히 알려진 마쓰시타정경숙은 파나소닉의 창업자이자 이른바 '경영의 신'(経営の神様)으로 불리는 마쓰시타 고노스케(松下幸之助)가 설립한 정치·경제 교육 기관입니다. 마쓰시타는 혈혈단신으로 사업을 일으켜 한 세대(一代) 만에 세계 최고의 기업을 만들어낸 일본 경제사의 입지전적 인물인데요. 일본 사회에 종신고용을 도입하고 노사 간 협조를 강조하고 인재를 중시해야 한다는 소위 '일본식 경영'의 기틀을 마련하기도 했습니다. 특히 다른 기업들은 상상도 할 수 없었던 '주휴이일제'(週

休二日制) 즉 '주5일 근무제'를 1965년에 도입하며 일본의 노동자들에게는 영웅으로 추앙받고 있습니다. 노동조합에서 흉상을 세워 준 유일한 재벌 총수라는 이명도 따라 붙습니다.

이처럼 경영계에서 타의 추종을 불허하는 큰 획을 그은 마쓰시타입니다만, '3방' 없이는 아무것도 할 수 없는 일본 정치의 현실에 개탄하며 1979년 "국가를 이끌어갈 진정한 리더를 육성하겠다"라는 이념 아래 교육기관을 설립하기에 이릅니다.

이듬해 정식으로 개교한 마쓰시타정경숙은 정치인은 물론 기업가, 경영인, 연구자, 사회활동가, 언론인 등 다양한 방면에 걸쳐 수많은 인재를 배출하며, 명실공히 일본 최고의 정치·경제 인재 육성기관으로 자리매김했습니다. 대표적인 인물이 위에서 언급한 노다(1기)와 다카이치(5기)입니다. 이들 외에도 2024년 11월 현재까지 300여 명의 졸업생을 배출하였는데, 이들 중 중의원 27명, 참의원 9명, 광역의원 9명, 기초의원 17명, 광역자치단체장 3명, 기초자치단체장 9명 등 74명이 정치인으로 활동했습니다.

마쓰시타정경숙의 특징은 '스스로 공부한다'라는 점이 아닐까 싶습니다. 숙생들은 4년간 기숙사에서 생활하며 매일 아침 6시에 기상해 구보를 뛰고 청소를 하고 철저하게 자기관리를 하게 됩니다. 이와 동시에 "새로운 시대를 창조할 지도자는 스스로 길을 개척해야 한다"라는 연수 방침에 따라 스스로 연구 과제를 발굴하고 연구하며 사고의 폭을 넓히게 됩니다. 따라서 마쓰시타정경숙에는 상근 강사가 없습니다. 오로지 숙생이, 숙생끼리, 숙생의 힘으로 모든 것을 이루어야 하죠.

신입생은 매년 20명 남짓입니다. 별도 정원이 없어 "훌륭한 인재라면 누구나 환영"이라고 합니다만, 적을 때는 1~2명 수준에 그칠 때도 있습니다.

정치인을 만드는 것

〈마쓰시타 정경숙 출신 인물〉

이름(당적)	기수	비고
아이사와 이치로(자민)	1	13선 중의원, 前 자민당 정무조사회장으로, 할아버지 간, 아버지 히데오 모두 중의원을 역임
노다 요시히코(입헌)	1	10선 중의원, 제95대 내각총리대신을 지내고 現 입헌민주당 대표
나가하마 히로유키(입헌)	2	4선 중의원 및 3선 참의원, 내각관방부장관 및 후생노동대신을 역임하였고 現 참의원 부의장
마쓰바라 진(무소속)	2	9선 중의원, 前 국가공안위원장
스즈키 준지(자민)	3	6선 중의원, 前 총무대신
하라구치 가쓰히로(입헌)	4	10선 중의원, 前 총무대신
다카이치 사나에(자민)	5	10선 중의원, 총무대신, 경제안보담당대신, 자민당 정무조사회장 등 역임
겐바 고이치로(입헌)	8	11선 중의원, 前 외무대신, 現 중의원 부의장
마쓰노 히로카즈(자민)	9	9선 중의원, 문부과학대신, 내각관방장관 역임
오노데라 히로카즈(자민)	11	9선 중의원, 前 방위대신, 자민당 정무조사회장
이나토미 슈지(입헌)	17	4선 중의원
기이 다카시(입헌)	19	5선 중의원, 문부과학성 대신정무관
미카즈키 다이조(무소속)	23	4선 중의원
기카와다 히토시(자민)	27	5선 중의원
마루야마 호다카(무소속)	30	3선 중의원, 前 NHK당 부당수
소노 하지메(무소속)	41	초선 중의원

이들은 4년간 매달 20만 엔 수준의 생활비를 보조받으며 오로지 수행에만 전념합니다. 파나소닉이라는 거대한 일류 기업의 뒷배가 없이는 불가능한 일이죠. 4년간 기숙사 생활에 아침·점심·저녁을 다 주고, 매일 같이 일본 최고의 인재들과 교류하고, 정치인의 자질을 수행하는데, 돈까지 받는다? 마쓰시타정경숙이 왜 이렇게나 인기인지 이해가 됩니다.

일본 보수의 성지 '송하촌숙'

마쓰시타정경숙을 보고 있으면, 메이지 유신의 주역들을 길러낸 요시다 쇼인(吉田松陰)의 송하촌숙(松下村塾)이 떠오릅니다. 송하촌숙은 일본 본토의 왼쪽 끝 야마구치현(山口県) 하기시(萩市)에 위치한 작은 서당입니다. 흔히 "일본의 역사를 뒤집은 성지"로 취급되죠. 하지만 명성과 달리 그 겉모습은 50㎡짜리 목조 건물에 기와지붕을 얹은 게 전부입니다. 작고 수수한 송하촌숙은 어떻게 일본의 운명을 바꾸었을까요. 그리고 어떻게 일본 보수의 정신적 고향이 되었을까요.

송하촌숙은 원래 쇼인의 숙부인 다마키 분노신(玉木文之進)이 1842년에 세운 사숙이었습니다. 다마키는 병학과 논어를 주로 가르쳤죠. 쇼인은 사숙을 졸업한 이후 1857년이 되어서야 송하촌숙을 인수합니다.

송하촌숙은 신분과 계급을 따지지 않고 숙생을 받아들였습니다. 상민 집안이든 무사 집안이든 가리지 않고 모두 배움을 청할 수 있었죠. 반면에 정식 교육 기관인 번립학교 메이린칸(明倫館)은 사무라이 신분만이 입학할 수 있었습니다. 이 덕에 구사카 겐즈이(久坂玄瑞), 다카스기 신사쿠(高杉晋作), 야마가타 아리토모(山縣有朋) 등 향후 메이지 유신에 깊게 관여하며 일본의 운명을 송두리째 바꾸어버린 인재를 길러낼 수 있었죠.

쇼인의 문하생 중에는 메이지 유신의 핵심 인물이자 한반도 침탈의 주역인 이토 히로부미도 있었습니다. 쇼인이 평소부터 가르친 "일본 밖으로 나가라"라는 지론을 제대로 수행한 인물이죠. 쇼인은 1853년 도쿄만(東京湾)에 정박한 미국 페리 제독의 '흑선'(黑船)에 올라타 밀항을 시도한 죄로 투옥된 적이 있는데요. 그는 이때 옥중에서 《유수록》(幽囚錄)을 지었습니다.

쇼인은 《유수록》에서 훗날 '정한론'과 '대동아공영권' 구상의 기틀이 되는 주장을 늘어놓는데요. "서둘러 군비를 갖추고 (...) 캄차카와 오호츠크를 취한 뒤 류큐와 조선을 제후국으로 삼고 (...) 북으로는 만주를 분할하고 남으로는 대만과 루손제도를 섭렵해 진취적 기세를 내보여야 한다"라는 대목이 널리 알려져 있죠. 쇼인의 가르침에 탄복한 제자들이 메이지 유신을 통해 일본을 근대화하고 서둘러 대륙으로 진출한 이유가 여기에 있습니다.

이러한 행보를 바탕으로 요시다 쇼인은 일본 우익 세력의 사상적 스승으로 존중받고 있으며, 송하촌숙과 야마구치현은 일본 보수 우익의 정신적 고향이 되었습니다. 야마구치현 출신인 아베 전 총리 역시 가장 존경하는 인물로 요시다 쇼인을 꼽은 바 있으며, 이토 히로부미의 정치적 이념을 받드는 것으로 널리 알려져 있습니다.

그 누구도 학교 하나가 세상을 바꿀 수 있으리라 생각하지 않습니다. 머나먼 예전에도 그랬고, 지금도 마찬가지죠. 하지만 송하촌숙과 마쓰시타정경숙의 사례를 보면 고금을 막론하고 교육이 얼마나 큰 힘을 갖는지 알 수 있습니다. 특히 정치 분야에 있어서는 더욱 그렇습니다.

〈송하촌숙 출신 인물〉

이름	비고
이토 히로부미 (伊藤博文)	소작농의 아들로 태어나 일본 최고 권력자가 된 입지전적 인물. 메이지 유신 이후 효고현 지사를 거쳐 초대 내각총리대신을 맡았으며, 을사조약 강제 체결을 주도하여 대한제국을 병탄하였다. 대일본제국의 설계자로, 야마가타 아리토모, 이노우에 가오루와 함께 '죠슈삼존'(長州三尊)으로 불린다.
야마가타 아리토모 (山県有朋)	일본 군부의 조상이자, 육군성을 창설해 직접 육군경에 오르는 등 '일본 육군의 아버지'로 추앙받는다. 신민과 군인은 모두 천황에 복종해야 한다는 '군인칙유'를 실질적으로 작성한 인물이며, 후일 총리에 오르는 등 군부와 정계를 넘나들며 영향력을 행사하였고, 조선 침탈의 주역 중 하나로 일컬어진다.
구사카 겐즈이 (久坂玄瑞)	송하촌숙의 쌍벽을 이루는 인물로, 쇼인으로부터 "천하 제일가는 영재"라는 평가를 받았다. 죠슈번을 중심으로 한 존황양이 운동의 중추적 역할을 맡았다. 25세의 나이로 자결했다.
다카스기 신사쿠 (高杉晋作)	일본 육군의 근간이 되는 '기병대' 창설을 주도한 인물. 기병대의 군감은 야마가타가 맡았다. 구사카와 함께 송하촌숙의 쌍벽을 이룬다. 제2차 죠슈 정벌 당시 해군총독을 맡으며 막부 타도의 최전선에 섰다. 결핵으로 인해 메이지 유신의 막이 오르기 전에 세상을 떴다.
기도 다카요시 (木戸孝允)	사이고 다카모리, 오쿠보 도시미치와 함께 메이지 유신을 완성시킨 '유신삼걸'로 불린다. 죠슈의 존황양이 운동의 지도자 격 인물. "일본의 우월한 국가 정책을 조선에 베풀어야 한다"라는 논리로 정한론을 주장했다. 막부의 토지를 회수하고 천황의 권력을 강화하는 '판적봉환'을 주도하는 등 메이지 유신 초기 정치적 거두로 자리했다.
야마다 아키요시 (山田顕義)	신 정부와 막부 간의 전쟁인 보신전쟁(戊辰戦争)에서 공적을 세우며 메이지 정부의 요인으로 올라섰다. 초대 사법대신을 맡아 6년간 재임하였으며, 니혼대학의 모태인 니혼법률학교를 세우는 등 법조 및 교육 분야에 두각을 나타냈다.
마사키 다이조 (正木退蔵)	현 도쿄공업대학의 모태인 도쿄직공학교의 초대 교장이며, 메이지 유신 이후 수 차례 런던에 유학한 경험을 살려 후일 하와이 총영사로 부임했다.

정치인을 만드는 것

우익의 모태 일본회의

종교와 정치의 잘못된 만남

일본 우파의 사상적 스승인 요시다 쇼인의 이야기가 나온 김에, 일본 극우 세력의 근거지로 일컬어지는 '일본회의'(日本会議)에 관하여도 알아보아야 하겠습니다. 최근 일본 정치가 왜 이런 것인지, 특히 한국인의 시선에서 바라보기에 일본의 우파 정치인들이 도대체 왜 저렇게 뻔뻔하게 구는 것인지 이해하기 위해서는 일본회의의 정체에 대해 짚을 필요가 있습니다.

잠시 본론에 들어가기 전에 한 가지 흥미로운 이야기를 소개하겠습니다. 일본회의의 '일본'은 '닛뽄'(にっぽん)이라 발음하는데요. '일본어'나 '일본인'을 말할 때의 '니혼'(にほん)과는 발음이 다릅니다. 어째서 그럴까요? 힌트는 태평양 전쟁이 한창이던 1943년 1월 내각정보국이 편집한 주보

(週報)에 등장하는 다음과 같은 구절에서 찾아볼 수 있습니다. "강한 일본 올바른 일본은 '닛뽄'이며 '니혼'은 그 어조가 이미 연약하다. 관습과 타성으로 인해 무심코 '니혼'이라 발음하고 있으리라 생각되나, 작금의 일본에 있어서는 부디 '닛뽄'이라고 올바르고 강력하게 호칭함이 바람직하다." 어떠신가요. 전쟁의 한복판에서 일본 내각이 내보인 인식이 이러합니다. 일본회의의 일본어 발음이 왜 '닛뽄'인지, 판단은 여러분에게 맡기겠습니다.

그럼 다시 본론으로 돌아가 일본회의란 누구인지, 어떤 사상을 전파하고 있으며, 일본 정계에 어떠한 영향을 미치고 있는지 살펴보겠습니다. 우선 일본회의는 1997년 5월 '일본을 지키는 모임'[24]과 '일본을 지키는 국민회의'[25]가 통합하여 창설한 단체입니다. 이들의 바탕에는 우리말 '사이비 종교'에 해당하는 신흥종교(新興宗敎)와 각지의 신궁을 총괄하는 신사본청(神社本庁), 메이지진구(明治神宮) 궁사(宮司) 등 종교계가 깔려 있으며, 대학 교수와 경영인, 정치인 등이 기둥을 받치고 있습니다. 일본회의는 전국 47개 도도부현에 본부를 두고 있으며, 기초자치단체인 구·시·정·촌에는 223개 지부를 두고 있습니다. 회원 수는 약 3만 8,000명 정도로 알려져 있습니다.

---

24) 1974년 신흥종교 '생장의 집'(生長の家)의 창시자인 다니구치 마사하루(谷口雅春) 등 종교단체 인사들이 규합해 결성한 종교적 정치 단체입니다. 주로 애국심 고취, 천황의 존엄성 보호, 국가·국기·연호의 법제화 등을 주장하며 정계와의 커넥션을 만들어 왔습니다.

25) 1978년 이시다 가즈토(石田和外) 전 대법관이 시작한 '연호법제화실현국민회의'를 전신으로 두고 있으며, 우익 성향의 학자와 문인, 경영인 등을 중심으로 구성되어 있습니다. 독도 영유권 주장 및 식민지배 부정, 임나일본부설 게재를 이유로 우리나라에서도 '역사 왜곡 교과서'로 잘 알려진 『신편일본사』(新編日本史)를 편찬한 곳입니다.

정치인을 만드는 것

이들은 헌법과 안보에 대한 교육을 핵심 운동 과제로 삼고 있으며, 일본의 전통적인 정신과 사상에 입각한 애국심 고취를 목표로 활동하고 있습니다. 단어 하나하나를 떼어 보면 별달리 문제가 될 게 없을 듯한데, 우익 집단의 행동 요령이라는 걸 염두에 두고 한 문장에 묶어 보니 어쩐지 느낌이 으스스합니다.

일본회의와 아베

이런 일본회의가 세간의 관심을 받게 된 계기는 2012년 제2차 아베 내각의 등장이었습니다. 일본회의는 1997년 창립과 동시에 '일본회의 국회의원 간담회'를 설치해 국회의원이 자신들의 활동에 호응하게끔 촉진해 왔는데요, 해당 간담회 회원이 아베 내각에서 두루 중용되며 일약 화제로 떠올랐습니다. 아베 내각의 각료 중 60% 많게는 70% 이상이 일본회의의 구성원이라는 언론의 분석 덕분에, 아베의 우경화 정책의 배경에는 일본회의가 있다는 이야기가 나온 것이죠.

일본 리츠메이칸대학(立命館大學)의 가쓰무라 마코토 교수(勝村誠)는 2015년 10월 발족한 제3차 아베 내각의 각료 20명 중 적어도 12명이 간담회 멤버이며, 일본의 토속 신앙인 신토(神道) 계통의 모임인 '신토정치연맹 국회의원 간담회'의 참가자 17명과 대조할 경우, 정권의 90% 이상이 우익 세력으로 채워져 있다고 분석한 바 있습니다. 가쓰무라 교수는 "아베 정권이 국민 여론과 국내외의 다양한 의견을 무시한 채 대내외적으로 강경한 태도를 보일 수밖에 없었던 것도 이러한 특이 세력 인사만으로 내각을 구성하였기 때문이다"라고 지적한 바 있습니다.

참고로 해당 '일본회의 국회의원 간담회' 소속 국회의원은 중참 양원을 합해 약 280명에 달하는 것으로 전해지고 있으며, '일본회의 지방의원연맹' 소속 지방의원 수는 1,800명이 넘는 것으로 알려져 있습니다. 중앙 정계부터 풀뿌리민주주의를 책임지는 지방의회까지 일본회의의 영향력이 미치지 않는 곳이 없으며, 정계를 넘어 학계, 언론계, 재계까지 손을 뻗고 있습니다. 일본회의를 두고 사실상 일본이라는 나라 자체의 '흑막'이라 칭하는 것도 이해가 됩니다.

일본회의가 바라보기에 지금의 일본은 대단히 잘못되어 있습니다. 그들은 일본이 '불순한 정치세력'에 의해 오염되고 있다고 판단합니다. 일본회의의 활동 방침을 보면 그 시각을 더욱 뚜렷하게 알 수 있습니다. 일본회의는 국가의 기본적 문제에 맞서 행동하겠다며, 일본은 오랜 세월 좌익 세력과 태평양 전쟁의 전범을 재판한 극동국제군사재판의 사관(史觀)에 영향을 받고 있다고 말합니다. 또한 일본이 마치 잘못이라도 한 양 부정적으로 평가하거나 국가의 명예와 자긍심을 버린 채 타국을 추종하고 사죄하는 정치세력이 존재한다고 진단하고 있습니다.

이들은 헌법과 교육, 방위 등 국가 근간에 해당하는 문제들이 올바른 방향으로 나아갈 수 있도록 국민 여론을 끌어올리겠다고 포부를 밝히고 있는데요. 여기서 말하는 헌법이란 일본의 군대 보유와 전쟁 포기를 명시한 「일본국 헌법」 제9조를 개정하겠다는 뜻이며, 교육은 우리나라에서도 늘 논란이 되는 '역사 왜곡 교과서'에 해당하는 내용입니다. 방위는 앞선 전쟁 포기와 마찬가지 맥락으로 '전쟁이 가능한 국가'를 만들기 위해 정당한 군대를 보유하겠다는 말과 일맥상통합니다.

일본회의의 견해는 정치인을 통해 세상 밖으로 나와 현실화합니다. 그

정치인을 만드는 것

최전선에 있던 사람이 바로 아베 전 총리입니다. 아베는 2017년 11월 27일 일본회의 창립 20주년 기념식에 부친 축사에서 "긍지 높은 나라를 만들고 아름다운 일본을 후세에 전하고자 진력하심에 진심으로 경의를 표한다"라며 일본회의를 추켜세웠습니다. 그는 일본회의의 활동 중 특히 '교육기본법'의 개정을 성과로 꼽았는데요. 교육기본법은 1947년 헌법과 함께 제정된 일본의 평화주의를 상징하는 준 헌법적 성격의 법률입니다. 아베는 제1차 내각 시절인 2006년, 교육기본법을 제정 60년 만에 손질했습니다. 개정된 교육기본법에는 '국가와 향토를 사랑하는 태도'나 '공공의 정신', '도덕심 배양' 등과 같은 내용이 포함되었는데, 이를 두고 제국주의 시절과 같이 국가주의 교육으로 회귀하는 것이 아니냐는 야당과 시민사회의 반발이 일은 바 있습니다. 아베는 이런 교육기본법의 개정을 두고 일본회의의 큰 성과라 칭송하며 "품격 있고 아름다운 나라 일본을 만들어 감에 초석이 되었다"라고 평가했습니다.

그 밖에도 총리보좌관으로 아베의 손발이 되어 활동한 에토 세이이치(衛藤晟一)도 일본회의에 충실하기로 유명합니다. 2019년 '한일무역갈등' 상황에서 해결책 모색을 위해 일본을 방문한 우리나라 여야 정치인과의 만찬에서 한국을 "매춘 관광국"으로 표현하며 물의를 일으킨 인물이기도 합니다. 그는 본인의 홈페이지를 통해 정치적 이념으로써 "시대에 맞지 않는 규칙과 틀을 바꾸어야 한다. 헌법 개정에 매진하겠다"라고 주장하는 한편, 선인의 지혜와 용기를 배우며 "진심으로 '일본인이라 다행이다!'라고 말할 수 있는 사회를 만들어야 한다", "일본을 되돌리고자 하는 아베 총리와 한 몸이 되어 일본을 지키겠다"라고 말합니다. 에토는 야스쿠니 신사 참배에 가장 적극적인 정치인 중 한 명이며, 일본제국에 의한 조선인 강제

동원과 위안부 문제 등에는 아무런 문제가 없다고 주장하는 인물로 익히 알려져 있습니다.

우경화는 계속된다

아베와 에토가 만들고자 하는 일본의 모습은 일본회의가 추구하는 방향과 맞닿아 있습니다. 일본회의 역시 야스쿠니신사 참배를 대단히 긍정하고 있으며, 인접국의 반대 표명에 대해 "남의 나라가 왈가왈부할 수 있는 사안이 아니다"라고 일축하며 참배의 정당성을 꾸준히 주장하고 있습니다.

외에도 천황과 황실의 권위를 되살리고, 헌법 개정을 통해 자위대가 아닌 '보통의 군대'를 갖고자 하는 것, 메이지 유신 이후 강조해 온 애국과 국가주의 정신을 계승한 전통적 도덕관 확립 등 명백히 태평양 전쟁 이전을 향한 '과거로의 회귀'를 시도하고 있습니다. 이들과 손잡은 우익 정치인의 대표 아베와 에토가 각각 사망하고 노쇠하였으니 괜찮을까요. 안타깝게도 실상은 그렇지 않습니다.

일본의 저널리스트 아오키 오사무(青木理)는 본인이 입수한 2015년 9월 15일 시점의 '일본회의 국회의원 간담회' 명부를 저서 《일본회의의 정체》(2017, 율리시즈)를 통해 공개한 바 있는데요. 책에서 언급한 인물 중 눈에 띄는 몇몇을 당시 직함과 함께 정리해 보면 다음과 같습니다. 아베 신조 총리, 아소 다로 부총리, 다카이치 사나에 총무대신, 기시다 후미오 외무대신, 나카타니 겐 방위대신, 스가 요시히데 관방장관, 가토 가쓰노부 일억총활약담당대신, 이시바 시게루 지방창생담당대신. 꽤 많이 들어 본 인물들입니다. 이시바는 현재 일본의 총리이며, 가토는 재무대신입니다. 나카타니는 현 내각에서도 방위대신을 맡고 있죠. 직전 총리인 기시다와 자민당 우파의 스타인 다카이치도 보입니다.

아베가 사라져도, 에토가 늙어도, 저명한 우익 정치인이 여럿 은퇴한다 하더라도, 일본 정계를 주름잡는 전현직 지도자급 인물들이 일본회의와 닿아 있다는 사실은 절대 변하지 않습니다.

특히 다카이치는 2024년 7월 7일 열린 제2회 '아베 신조 전 총리의 뜻을 계승하는 모임' 행사의 연설 자리에서 "아베 총리를 대신할 수 있는 인물은 앞으로도 나오지 않을 것이다"라며 국가와 미래를 위해 싸워온 위대한 인물을 잃었음에 비통함을 전했습니다.

그는 '강력한 일본 건설', '헌법 개정' 등 아베가 남긴 숙제를 반드시 완수하겠다 외칩니다. 또한 아베가 '전후 70주년 담화'를 통해 밝힌 역사관을 계승하며 '굴욕외교', '사죄외교'를 하지 않겠다고 다짐했습니다. 이 행사는 당연하게도 '일본회의 국회의원 간담회'가 공동으로 개최한 자리였습니다. 일본회의와 아베, 우익 정치인의 정신적 일체화가 현재까지도 이어지고 있음을 여실히 보여주는 장면이라 할 수 있겠습니다.

일본 정치는 왜 이럴까

제5장
일본 정치, 한 걸음 더

오른쪽으로 더 오른쪽으로

오묘한 북일관계

권력의 감시자 소리방

오른쪽으로
더 오른쪽으로

세상에 나쁜 우익은 없다

우리나라에서는 흔히 최근 일본의 정치 세태를 두고 '우경화'(右傾化) 되었다고 표현합니다. 정치적 분위기가 중립적이지 않고 우파·우익의 입맛으로 과도하게 기울고 있다는 뜻입니다. 특히 아베 전 총리가 집권하던 시기에 이러한 평가가 힘을 얻었죠. 제2차 아베 내각이 출범한 2012년 말부터 현재까지 '일본 정치=우익'이라는 오묘한 등식이 우리 사고를 지배하고 있습니다.

사실 '우익'(右翼; right wing)이라는 표현은 가치중립적입니다. 좋지도 나쁘지도 않은, 그저 정치적 입장이 어떠하다는 것을 표현하는 단어에 불과합니다. 18세기 후반 프랑스 혁명 당시 왕정을 폐지하고 규칙에 따른

공화국을 건설하고자 했던 세력과 급진적인 사회 개혁을 주장했던 세력이 각각 회의장의 오른쪽과 왼쪽에 나누어 앉았는데, 이를 계기로 우익과 좌익이라는 표현이 생겨났습니다. 따라서 '우익'이라는 말 자체는 어떠한 호불호의 가치도 담고 있지 않습니다.

우익은 자본주의와 보수주의, 자유주의, 권위주의, 신정주의 등 다양한 정치적 갈래를 포괄하는 거대한 스펙트럼입니다. 이에 반해 좌익 안에는 공산주의, 사회주의, 진보주의, 아나키즘 등이 포함됩니다. 다만 세상 모든 나라마다 걸어온 정치사가 다르기에 어떠한 가치를 기준으로 오른쪽인지 왼쪽인지를 나누기 때문에 좌우를 딱 잘라 말하는 것은 사실상 불가능합니다.

우리나라만 해도 건국 이후 1980년대까지만 해도 '반공'(反共)의 가치가 세상을 지배했기 때문에, 공산주의와 사회주의에 호감을 보이거나, 북한과 하나의 민족으로 융합해 평화를 이룩하자는 주장을 한다면 '극좌파'로 몰려 탄압받았죠. 경제, 사회, 문화, 복지, 성장, 민주주의 등 다양한 지점이 아닌, 오로지 '북한'에 대한 태도만을 가치 판단의 기준으로 삼았던 시절입니다. 특정한 사안 하나만을 두고 좌익이니 우익이니 나누는 게 얼마나 우스운 일인지 알 수 있는 대목입니다.

이러한 형태는 지금도 변하지 않습니다. 민주주의와 자본주의라는 큰 틀 아래 시장의 자유로운 경쟁을 보장하고, 국가 경제의 성장이 중요하다고 외치는 한편, 규제와 감시를 강화하고 약자를 돌보며 세금을 더 거둬야 하며, 나아가 북한과도 친하게 지내야 한다는 주장이 하나의 정당 안에서 뿜어져 나옵니다. 그렇다면 이들은 좌익일까요, 우익일까요.

일본의 정치도 마찬가지입니다. 사실상 지난 70년간 일본을 이끌어 온

일본 정치, 한 걸음 더

자민당만 해도, 구성원 간에 정치적 스펙트럼이 너무나도 다양합니다. 증세를 하느냐 마느냐, 야스쿠니 신사를 참배해야 하느냐 말아야 하느냐, 한국에게 사죄를 해야 하느냐 말아야 하느냐, 미국과 친하게 지낼지 중국과 친하게 지낼지. 각각 사안을 두고 첨예하게 의견이 갈립니다. 물론 대체로 목소리가 큰 극우 세력, 보수 방류 세력이 주도권을 가져가긴 합니다. 그럼에도 일본 정치가 한마음 한뜻으로 똘똘 뭉쳐 '우경화'를 향해 내달리고 있는 것은 아닙니다.

메이지 유신이 남긴 극우의 흔적

역사를 뜯어 보면, 일본의 정치가 우익 성향을 띠는 것은 결코 우연이 아닙니다. 일본 정치가 근대화하던 시점에서부터 예견된 결과라고 할 수 있습니다. 메이지 유신을 주도한 '삿초동맹'(薩長同盟)26) 세력이 대대손손 정치적 영향력을 유지하며 지금까지 이어지고 있기 때문입니다. 동맹 세력의 '존황양이'(尊皇攘夷; 황실을 숭상하고 오랑캐를 몰아낸다) 정신은 모

---

26) 1866년 3월 서구 세력의 열도 진출에 맞서 사쓰마번(薩摩藩)과 조슈번(長州藩)이 맺은 정치·군사 동맹을 말합니다. 사쓰마번은 현재의 가고시마현으로, '정한론'의 거두인 사이고 다카모리(西鄕隆盛)와 일본제국의 초대 내무대신 오쿠보 도시미치(大久保利通)를 배출한 '메이지 유신의 본고장'입니다. 조슈번은 지금의 야마구치현으로, 일본 보수주의의 영원한 지도자 요시다 쇼인을 배출했습니다. 이토 히로부미, 데라우치 마사타케(寺内正毅) 등 일제강점기의 거물들과 A급 전범 기시 노부스케를 비롯해 사토 에이사쿠, 아베 신조, 하야시 요시마사 등 현대 일본의 보수주의자들이 이곳에서 탄생했습니다.

양새를 달리할 뿐 지금도 여전합니다. 이들이 주류가 되어 지배하는 일본에서 '우익'은 이상한 게 아닙니다. 천황제를 옹위하고, 국가의 기세를 드높이며, 외세를 배척하고, 세계로 뻗어나가자. 만일 일본에서 제기되는 이러한 주장을 두고 "우익적이다"라고 한다면 말이죠. 정도를 달리할 뿐 주류든 비주류든 일본의 정치인이라면 이러한 주장에 어느 정도 동조하고 있으니, 만약 가치 판단의 기준을 여기에 두고 본다면, 이들은 하나도 오른쪽으로 치우치지 않은 것이죠. 오히려 좌익, 혁신계, 공산당 계열이 "이상한 녀석들"인 세계관입니다.

현대 일본의 '보수주의자'는 독특합니다. 우리나라의 그들과는 결이 대단히 다릅니다. 우리나라에서 말하는 '보수주의'는 철저한 반공정신을 사상적 바탕에 두고 자유로운 시장경제를 옹호하며 미국을 비롯한 자유주의 국가들과의 연대를 중요시합니다. 이 중에 가장 중요한 것은 북한에 대한 강고한 태도죠. 오로지 반공과 반사회주의를 외치기만 하면, 다른 개념은 어찌 되었든 간에 보수주의자로 불립니다.

일본의 '보수주의자'는 반공에 별로 관심이 없습니다. 일본공산당이 100년이 넘도록 버젓이 활동하고 있는 것을 보면 대충 알 수 있죠. 50년대 60년대 사회주의 투쟁이 만연하던 시기에야 반공의 가치가 어느 정도 정계에 영향을 미쳤겠습니다만, 지금은 전혀 아닙니다. 이들 보수주의자는 오로지 천황제와 전쟁이 가능한 국가 만들기에 몰두하고 있습니다. 일본이라는 나라의 근간에 있는 천황의 법통이 바르게 서야 나라가 올바르게 나아갈 수 있다고 주장하는 한편, 천황의 지위를 '국가원수'로 헌법에 못 박고 정치적 기능을 행사할 수 있도록 해야 한다고도 말하죠. 또 태평양 전쟁 패전 이후 거세된 군사력 보유를 가능케 하여 보통의 군대를 보유하고 세계 정세에 영향력을 행사하고 싶어 합니다. 우리는 이들을 싸잡아 '극우'라고 부릅니다.

내셔널리즘을 경계하라

물론 일본 정치의 '우경화'가 허상은 아닙니다. 실존하고 있죠. 기존 주류세력인 보수 본류가 천황제 옹호와 함께 주창하였던 평화로운 일본이나, 국제관계를 존중하는 가운데 세계로 뻗어나가는 일본, 자유주의, 시장경제, 이러한 온건한 정신이 옅어지고 있는 것은 사실입니다. 특히 아베 집권기에는 극단적인 우익 내셔널리즘(nationalism)이 국내외에서 지적되기도 했습니다. 아베를 필두로 한 보수 방류가 일본 정계를 주름잡은 지난 20여 년간 일본의 자아(自我)는 많은 부분에서 변화를 겪었습니다. 1990년대 초중반 무라야마 담화와 고노 담화를 통해 내보였던 일본제국 시절의 만행에 관해 사죄와 성찰이 자취를 감춘 것도 같은 맥락입니다.

이들은 과거 일본제국이 저지른 만행을 덮어두고 가려 합니다. "전 세계적 흐름이 그러했다"라거나 "다른 제국주의 국가들도 사죄를 하지 않는데 왜 우리만 뭐라 하느냐"라고 강변하기도 합니다. 나아가 태평양 전쟁의 전범들이 합사되어 있는 야스쿠니 신사에 대한 참배를 '당연한 것' 또는 '의무적인 것'으로 규정하고, 오히려 참배하지 않는 것이 이상하다고 주장하죠. 역사 교과서에 우익 성향의 역사관을 욱여넣는다거나, 독도, 북방영토, 센카쿠열도(尖閣諸島) 등 주변국과의 영토분쟁에 있어 일본에 유리한 기술만 담는 등 왜곡된 교육에도 적극 가담하고 있습니다.

교육에 대한 이야기가 나온 김에, 아베 정권의 발목을 잡았던 '모리토모 학원 문제'도 살짝 짚고 가야겠습니다. 모리토모 학원 문제는 아베 총리의 측근이 운영하는 사학재단인 '모리토모 학원'(学校法人森友学園)이 국유지를 매입할 당시 국가 공무원이 총동원되어 공문서를 조작해 준 사건을 말합니다. 감정가는 9억 5,600만 엔이었는데, 실제 매입 금액은 1억 3,400만 엔으로 알려져 있죠. 여기에서는 돈에 얽힌 문제는 차치하고 교육에 관한 이야기만 해보겠습니다.

모리토모 학원이 운영하는 유치원에서 원아들에게 '교육칙어'(教育勅語)를 암송하게 해 열도를 떠들썩하게 한 적이 있습니다. '교육칙어'는 1890년 메이지 천황이 하사한 교육 방침인데요. 부모에 대한 효도와 형제 간의 우애, 부부의 화목, 신의, 공손, 겸손, 박애 등 일본의 미래세대가 갖추어야 할 덕목에 관해 서술하고 있습니다. 문제는 "유사시 의용으로 봉공하여 천양무궁한 황운을 지켜야 한다"(一旦緩急アレハ義勇ニ公奉シ以テ天壤無窮ノ皇運ヲ扶翼スヘシ)라는 대목에 있습니다. 아직 어떠한 가치관도 형성되지 않은 유치원 아이들에게 전쟁이 발생하면 천황을 지키기 위해 용감히 뛰어들어야 한다는 내용을 달달 외게 하는 게 정상적으로 보이지는 않습니다.

일본 내에서도 태평양 전쟁 이전의 제국주의, 군국주의 시절로 돌아가려는 움직임이라는 비판이 거세게 일었습니다. 모리토모 학원의 이사장과 아베 총리 간에 끈끈한 유대관계가 있음에 말미암아, 해당 사건을 두고 아베 정권의 내셔널리즘이 극에 달한 증거라고 보는 시각도 있습니다.

이렇게 오른쪽으로 더 오른쪽으로 달려가는 주류 정치 세력을 막을 방법은 없을까요. 야당인 민주당이나 사회당이 그 역할을 할 것이라 기대하는 목소리도 있긴 합니다. 하지만 이들 역시 우리 눈에는 똑같이 '우익'입

정치인을 만드는 것

니다. 자민당 주류의 보수 방류가 '극우'로 가고 있으니, 대항마인 민주당과 사회당이 '좌익'으로 보일 뿐이며, 일본에서도 '리버럴'(liberalism; リベラル)이라고 불리고 있긴 하지만 주장하는 바를 뜯어 보면 결국 보수주의 정당이 맞습니다. 애초에 지금의 민주당은 과거 자민당 내 비주류 세력이 규합해 만들어진 정당이기 때문에 그럴 수밖에 없습니다.

그렇다고 일본에 마땅한 진보세력이 아예 없는 것은 아닙니다. 앞서 자주 등장한 일본공산당입니다. '극우'라 불리는 자민당 주류 세력에 대항할 유일한 대안이 공산당이라니, 참 안타깝습니다. 일본에서 진보세력이라 말하면 사회주의자와 공산주의자를 떠올립니다. 1950~60년대 화염병을 던지며 노동운동을 전개하고, 대학을 봉쇄하고, 나리타 공항에서 폭력 농성을 벌이던 모습이 떠오르죠. 대체로 진보세력은 천황제 폐지를 주장하거나, 주일미군 철수를 비롯해 미일안보조약 철폐를 주장하는 모습으로 그려집니다.

일본 국민 중에도 당연히 천황제 폐지를 요구하는 목소리가 있을 테고, 주일미군으로 인한 피해를 참을 수 없는 유권자도 있습니다. 이런 작은 목소리들이 모이고 모여 일본공산당을 지지하는 것이고, 그 결과 100년 넘게 명맥을 이어오는 것이죠. 하지만 일본공산당이 대안이 되기는 어렵습니다. 아니, 결코 대안이 될 수 없다고 딱 잘라 말해도 될 수준입니다.

일본이라는 나라 자체가 보수성향의 정서를 공유하고 있다 보니, 때때로 일본 정치가 오른쪽으로 내달리는 듯이 보이는 건 어쩔 수 없습니다. 실제로 유권자가 선거를 통해 '극우'에 힘을 실어주고 있으니 당연한 결과이죠.

오묘한
북일 관계

'조선'과 일본의 인연은 여전히

지난 2024년 6월, 일본과 북한 정부 당국자가 몽골에서 비밀리에 접촉했다는 보도가 있었습니다. 연초부터 기시다 총리가 방북 가능성을 언급하며 북한과의 대화 회복에 시동을 걸었던 참인데요. 북한은 내내 일본의 '태도 변화'를 요구하며 "어떠한 급에서도 만날 일 없다"라는 등 선을 그었습니다. 그럼에도 보도와 같이 몽골 등 제3국에서의 '물밑 접촉'은 지속적으로 이루어진 것으로 보여집니다. 일본은 왜 북한과 만나고 싶을까요. 반대로 북한은 왜 일본과 '싫은 듯 좋은 듯' 만남을 이어가는 걸까요.

일본과 북한 사이의 관계는 참으로 복잡합니다. 1945년 8월 15일, 일본이 태평양 전쟁에서 패망하고 조선은 식민 지배에서 해방되었습니다. 그

시점 일본에는 200만 명가량의 조선인이 살고 있었던 것으로 추정됩니다. 이들 중 130만 명가량은 조선으로 돌아왔지만, 이미 북위 38도선을 기준으로 남북이 갈라져 혼란한 상황이었던 터라, 고국으로 돌아오지 못하고 일본에 자리 잡은 조선인도 수두룩했습니다. 그러던 중 일본은 1947년에 이르러 '외국인등록령'(外国人登録令)을 내려 일본에 거주하며 일본 국적을 보유하고 있던 조선인을 '외국인'으로 규정하였고 별도의 국적을 신고하게 했습니다. 이때 한반도는 여전히 남북으로 첨예하게 대립하고 있었으며 독립한 국가는 성립되지 않았던 터라, 다수의 조선인이 자신의 국적을 '조선'이라 적어 내게 됩니다. 이는 국가로서의 조선이 아닌 민족성의 표현인 조선이라 할 수 있습니다. 이때부터 요즘 말하는 '재일조선인'(在日朝鮮人)의 역사가 시작됩니다.[27]

이들 재일조선인 중 일부는 자신의 뿌리를 한반도 북부의 조선민주주의인민공화국, 북한에 두는 사람도 있습니다. 부득이 일본에 발붙이고 살고 있지만 자신은 북한의 국민이라고 자각하는 사람들입니다. 앞으로 편의상 이들을 '재일조선인'이라 하고, 대한민국에 뿌리를 둔 인원을 '재일한국인'

---

[27] 2022년 6월 기준, 일본에 거주하는 '한국적' 동포와 '조선적' 동포는 각각 41만 명, 3만 명, 도합 44만 명가량입니다. 이들 중 약 65%인 29만 명이 '특별영주자'로 취급되고 있습니다. 특별영주자는 일제강점기에 일본으로 건너간 1세대 '재일조선인'과 그 후손들에게 주어진 법적 지위입니다. 간혹 특별영주자의 재류 카드(외국인등록증)에 국적 및 지역 표기가 '조선'으로 되어 있어, 이를 북한에서 온 사람이라 착각하는 경우도 있는데, 이는 앞서 언급한 것처럼 '한반도', '조선반도'에서 왔다는 뜻에 불과합니다. 한편으로 '한국적'은, 1965년 한일국교정상화를 기점으로 대한민국에 뿌리를 두고 있는, 대한민국을 조국으로 여기는 재일조선인이 자신의 국적 및 지역 표기를 변경한 것에 기인합니다.

이라 칭하겠습니다.

　재일조선인은 사실 무국적자입니다. 일본은 북한을 국가로 인정하지 않기 때문입니다. 북한이라는 국가가 존재하지 않으니, 북한에 뿌리를 둔 자들 역시 국가가 없는 무국적자로 취급하는 것이죠. 그래서 재일조선인은 필요시 일본 내 북한계 최대 조직인 재일조선인총련합회(在日朝鮮人総連合会; 조총련)을 거쳐 북한의 여권을 발급받습니다. 따라서 조총련은 사실상 일본 내에 존재하는 북한 정부 대표기관이라 보면 됩니다.

　조총련은 설립 당시부터 북한의 경제적 원조를 듬뿍 받았습니다. 북한은 1957년부터 2003년까지 교육원조비와 장학금을 명목으로 조총련에 약 451억 616만 엔을 송금한 바 있으며, 조총련을 통해 총 93,342명의 재일동포를 북송시키기도 했습니다. 1967년부터는 북한 최고인민회의에 조총련 대표를 대의원으로 선출하고 있죠. 2013년부터는 조선로동당 통일전선부 산하 대외연락부의 지도를 받고 있는 것으로 알려져 있습니다.

북한과 일본, 원래는 친했다?

　일본 내에서 활동하는 북한 사람, 재일조선인의 거점인 조총련은 일본과 북한을 잇는 다리 역할을 하고 있습니다. 최근에야 각종 압수수색과 정치적 압박을 받으며 빈사 상태에 놓여 있습니다만, 과거에는 그 위상이 대사관에 버금갔습니다.

　실제로 김일성이 사망했을 때 조총련은 도쿄 중심부 한복판에 있는 본부에 상갓집을 차리고 문상객을 받았습니다. 여기에는 일본사회당의 구보와타루(久保亘) 서기장을 비롯해 향후 총리에 오르는 자민당 오부치 게이

정치인을 만드는 것

조 부총재 등 30여 명의 정계 인사가 문상하기도 했습니다.

김일성 사망 당시 무라야마 도미이치 총리는 일본사회당 당수 명의로 조선로동당 중앙위원회에 조전(弔電)을 보내기도 했습니다. 무라야마 총리는 조전에서 "위대한 지도자 김일성 주석의 갑작스런 사망에 가슴 깊이 우러나오는 애도의 뜻을 전한다"라고 밝혔습니다, 사회당과 조선로동당은 1970년대부터 이미 친선 관계를 꾸준히 유지해 오고 있었는데요. 조전 발송 역시 이와 같은 친선 교류의 연장선이라 할 수 있습니다.[28]

그 밖에도 일본과 북한은 독특한 교류를 이어왔는데요. 일례로 평양과 나고야 사이를 오간 '고려항공' 직항노선이 있었습니다. 1991년 5월, 일본 운수성(運輸省)은 일본 나고야와 북한 평양 사이를 오가는 셔틀 항공기의 운항을 승인했는데요. 당시 이름은 '에어코리아'였습니다. 국교가 없는 상태에서의 항공편 취항은 사실상 불가능한 일인데, 앞서 방북해 김일성과 만난 가네마루 신(金丸信) 부총리가 역할을 한 것으로 알려져 있습니다.[29]

---

28) 일본사회당과 조선로동당의 사이는 뿌리 깊습니다. 사회당은 이미 1970년대 수 차례 방북단을 꾸려 평양을 방문한 바 있으며, 특히 1974년 9월 12일 제4차 방북 당시 당수 나리타 도모미(成田知巳)는 김일성과 만나 아시아 정세와 남북 관계, 북일 관계, 북일 국민 간 우호 교류 강화 등 회담을 나눈 바 있습니다. 나아가 사회당은 당시 방북에서 '경애하는' 김일성 주석의 현명한 지도 아래 주체사상과 사회주의 이상 국가 건설을 달성하였다고 극찬하기도 했는데요. 지금이라면 상상도 못 할 일입니다.

간악한 쪽바리와 핵 미치광이

    상호 빈번하게 만나며 경조사를 함께하던 일본과 북한입니다만, 지금은 이보다 더한 원수가 없습니다. 북한은 때때로 상스러운 표현을 써가며 일본을 노골적으로 비판합니다. 북한이 목숨처럼 소중히 여기는 핵미사일 무력 증강에 일본이 사사건건 견제구를 던지고 있기 때문입니다. 사실 지금까지 북한이 보여온 행태를 생각하면, 강하고 저열한 표현은 강하고 절박한 도움 요청으로 읽는 게 맞는데요. 그렇다면, 한국과 미국, 일본, 국제사회가 한마음 한뜻으로 북한에 경제 제재를 가하는 와중에, 가장 '대화 가능성'이 높은 일본을 자극해 포섭하려는 의도로 해석하는 게 맞을지도 모르겠습니다.

    북한이 바라보는 일본은 어떤 나라인지 적나라하게 보여주는 사례가 있습니다. 북한의《조선중앙TV》는 지난 2017년 9월 14일, 일본을 두고 "가증스럽게 놀아대는 간악한 쪽바리"라고 표현하며 "아직도 정신을 덜 차리고 못되게 나오는 일본놈들에게 단단히 본때를 보여줘야 한다"라고 말한

---

29) 가네마루 신 부총리는 자민당을 대표하여 1990년 9월 4일, 다나베 마코토(田辺誠) 사회당 당수와 함께 방북해 김일성과 만났습니다. 이들은 방북 나흘째, 조선로동당과 함께 '일조관계에 관한 공동선언'(日朝関係に関する日本の自由民主党、日本社会党、朝鮮労働党の共同宣言)을 발표했는데요. 여기에는 식민 지배와 해방 후 45년간에 걸쳐 일본이 일으킨 피해에 대해 '공식적인 사죄'가 필요하다는 합의가 담겨 있으며, 가능한 이른 시기에 국교를 수립해야 한다는 내용이 담겼습니다. 북일수교를 말 그대로 코앞까지 끌어당긴 역사적인 선언이라 할 수 있습니다. 후술하겠지만 북일수교는 '납치문제'를 중심으로 첨예하게 대립한 끝에 어그러지고 말았습니다.

정치인을 만드는 것

바 있죠. 북한은 종종 일본이라는 나라 자체 그리고 일본의 정치인들에게 "외로운 섬나라의 정치 난쟁이"라고 깎아내리기도 했는데요. 간혹 취재를 위해 북한의 매체를 보고 있노라면, 우리말의 위대함을 새삼 느끼게 됩니다. 이정도로 싫어 죽겠는 일본이 자꾸만 대화를 하자고 졸라대니 북한은 난감할 따름입니다.

그렇다고 일본이 북한을 좋아하는 것도 아닙니다. 오히려 일본 사람들은 북한을 '핵에 미쳐 머리가 좀 이상하다'(頭がおかしい)라고 보고 있습니다. 핵 무력을 무엇보다 소중히 여기면서 틈만 나면 미사일을 쏘아대는데, 가끔은 일본 열도 위로 미사일이 날아가기도 하니, 도무지 이해하려야 이해할 수 없는 녀석들인 거죠.

게다가 북한은 1970~80년대, 수시로 일본 열도의 연안에 드나들며 일본인을 납치해 갔습니다. 당시 북한은 해외 간첩 활동을 전개할 때 용모가 비슷하면서도 여권의 힘이 좋은 일본인으로 위장하기도 했는데요. 그러기 위해서는 일본어를 유창하게 해야 했고, 일본의 정치나 경제, 문화, 정세 등을 배울 필요가 있었습니다. 이러한 배경에서 공작원을 교육하기 위한 목적으로 일본인을 다수 납치해 간 것이죠. 실제로 1987년 발생한 '대한항공 858편 폭파 사건'의 주범인 북한 공작원 김현희는 '하치야 마유미'(蜂谷眞由美)라는 일본인으로 위장해 활동한 바 있습니다.

북한이 납치한 일본인은 13명입니다. 2002년 9월 김정일과 고이즈미 총리의 정상회담에서 북한이 인정한 숫자입니다. 이와 달리 일본 정부는 17명의 국민이 북한에 의해 납치되었다고 주장하고 있습니다. 바로 이 '북한에 의한 일본인 납치 문제'가 북일 관계의 핵심입니다. 일본 정계는 정당을 가리지 않고 납치 문제를 해결하고자 하고 있으며, 이것만 잘 해결되면 북한과 수교하고 잘 지낼 수 있다는 입장입니다. 반면에 북한은 납치문제는 이미 다 해결됐으며, 과거에 얽매이지 않고 새로운 결단을 내린다면 원하는 것을 얼마든 내어줄 수 있다는 자세죠.

그렇다면 서로 으르렁거리기 바쁜 북한과 일본은 왜 사이를 좁히려 하는 걸까요. 아무런 성과 없이 물밑 협상만 벌이다 어그러지기를 반복하고 있는데도 말입니다. 일본과 북한 양자의 속셈을 간단히 짚어보겠습니다.

서로가 서로에게 바라는 것

북한은 일본을 이용해 국제적 고립에서 탈피하고자 합니다. 북한은 우크라이나 전쟁을 계기로 러시아와의 군사 동맹을 강화하며 밀착을 과시하고 있기는 합니다만, 이는 어디까지나 일시적인 현상에 불과합니다. 지금에야 국제사회가 쏘아대는 비난의 화살을 러시아가 다 받아주고 있는 모양새지만, 전쟁이 끝나고 정세가 안정되면 재차 한미일 세 나라에 의한 전방위적인 압박이 다시금 북한으로 몰려들 게 뻔합니다.

이를 대비해, 어차피 말이 안 통하는 우리나라와는 적대적 관계를 유지하되, 협상의 대상인 미국을 움직이고자 일본에게 접근하고 있다는 분석이 대다수입니다. 한미일 세 나라의 협력 강화에, 가장 약한 고리는 일본이라고 보는 것이죠.

어쨌든 일본은 납치 문제를 비롯해 북한으로부터 받아내야 할 빚이 있는 마당이라, 북한이 협상의 문턱을 낮추고 유화적으로 나온다면 일본이 덥석 받지 않겠느냐는 관측이 우세합니다. 만일 일본과의 협상이 잘 진행되기만 한다면, 종전에 중국 또는 러시아만을 믿고 가던 북한의 외교 일변도에 새

정치인을 만드는 것

로운 활로가 될 수도 있습니다.

북한은 우리나라와 일본이 사이좋게 지내기를 바라지 않습니다. 두 나라가 사이좋게 손을 잡는다면 핵미사일 개발에 대한 감시가 강화되는 것은 물론, 한목소리로 북한을 비난하며 국제사회의 제재 강화에 기여할 수도 있기 때문입니다. 그러니 일본과의 관계를 개선하는 시늉을 하고, 이 틈에 우리나라를 '패싱'하며 일본과 우리나라 사이를 이간질하려는 의도도 감지됩니다.

한편으로 일본과의 관계 개선은 북한으로서 '금전적 풍요'로 연결될 가능성도 있습니다. 유엔을 필두로 한 국제사회의 경제 제재로 인해 북한 경제는 파탄나고 말았는데요. 최근에야 러시아로부터 지원을 받으며 간신히 숨통을 트이고 있기는 합니다만, 더 이상 외부로부터 외화가 들어오는 것을 기대하기는 쉽지 않습니다.

여기에서 일본의 중요성이 등장합니다. 바로 일제강점기에 발생한 피해에 대한 '청구권 자금'이죠. 북한은 1991년 11월 5차 북일회담에서 과거 일본이 조선을 무력으로 침략해 주권과 영토를 강탈하여 막대한 인적·물적 피해를 입혔으니, 이에 합당한 보상을 해야 한다고 주장한 바 있습니다. 이러한 주장이 받아들여져, 식민 지배 당시의 모든 피해에 대해 배상금을 지불하게 된다면, 태평양 전쟁으로 인해 발생한 피해에 배상하는 형식으로 우리나라에 지불한 '대일 청구권 자금'과는 차원이 다른 큰 금액이 될 것입니다. 이렇게 얻어낸 자금은 침체한 산업을 되살리는 데 사용될 것이며, 경제 성장을 도모하기 위한 자본이 될 것입니다. 핵미사일 개발에 전용하는 것은 덤이죠.

이렇게 눈에 뻔히 보이는 북한의 노림수에 일본은 왜 올라타는 걸까요.

우선 국내 정치적 의도가 가장 먼저 떠오릅니다. 2024년 초중반 내내 북한과의 관계 개선을 시도했던 기시다 총리는, 일본판 주민등록증인 '마이넘버카드' 도입 문제를 비롯해 저출산 대책 실패, 자민당 정치자금 문제 등을 거치며 지속적인 지지율 하락에 고심했습니다.

기시다는 이를 타개하는 방법의 하나로 납치 문제 해결을 들고나온 건데요. 자민당 지지층은 물론이며 북한에 의한 납치 활동이 빈번하게 발생했던 연안 농어촌의 민심까지도 싸잡아 가져갈 수 있는 카드였습니다. 지난 2019년 아베 전 총리 역시 사학 스캔들과 외국인 노동자 수용 정책 등으로 위기에 봉착할 때마다 북한과의 관계 개선 카드를 만지작거렸습니다.

한편으로 안보 불안 해소를 비롯해 동북아 외교 지평에서의 영향력 확대 역시 북일 관계 개선의 목적 중 하나입니다. 북한이 밥 먹듯 쏘아대는 미사일이 때때로 일본 열도 위를 지나갈 때면 일본 국민은 전국순시경보시스템(全国瞬時警報システム; J-alert)의 안내를 받으며 불안에 떱니다. 자신들 머리 위로 미사일이 날아다니는 게 일상이 되어서야 제정신으로 버틸 수가 없죠. 북한과의 관계 개선을 통해, 적어도 열도를 가로질러 날아가는 미사일만이라도 막아낼 수 있다면, 이보다 큰 성과는 없을 것입니다.

또 소원해진 북한과 중국 사이를 비집고 들어가, 평양에 '연락사무소'라도 세우는 날이 온다면, 일본의 동북아 외교 영향력은 순식간에 확대될 것입니다. 향후 북한의 핵 폐기 또는 군축 협상에 있어 존재감을 과시할 수 있으며, 우리나라를 도외시한 채 유리한 고지를 점할 수도 있겠죠. 사실상 남북 간 근시일 내의 평화 교섭 타결은 불가한 마당이니, 남북 사이의 지렛대로 역할 하며 양쪽으로부터 과실을 취하는 것도 좋은 전략이 될 수 있습니다.

정치인을 만드는 것

북일 관계는 여전히 많은 쟁점을 안고 있습니다. 손쉽게 국교 수립까지 나아가리라고는 상상하기 어렵죠. 식민 지배에 대한 사죄와 보상, 납치 문제 해결, 핵미사일 위협에 대한 안전보장, 재일조선인 법적 지위 문제 등 산적한 난제를 일거에 해결한다는 것은 사실상 불가능에 가깝습니다. 그러나 1990년대, 2000년대 포괄적인 합의에 이룩하며 국교 수립 직전까지 나아갔던 경험이 있는 만큼, 언제 갑자기 둘 사이가 확 좁혀질지는 누구도 예상할 수 없습니다.

특히 일본 국회에는 여야를 넘어 초당파로 구성된 '일조국교정상회추진의원연맹'이라는 조직이 있습니다. 북한과의 교류를 중시하고 훗날 북일 간 국교를 수립하겠다는 목표를 두고 여러 활동을 전개하고 있죠. 여기에는 이시바 시게루 총리를 비롯해 나카타니 겐(中谷元) 방위대신, 이와야 다케시 외무대신 등이 포함되어 있습니다. 이시바 내각 출범 당시 총리·방위·외무, '톱3' 인물이 모두 '일조의원연맹' 소속이라는 점에 향후 북일 관계가 급진적으로 개선되는 게 아니냐는 관측도 인 바 있습니다. 이들의 물밑 접촉과 점진적 관계 개선이 우리나라에 어떠한 의미를 낳을 것인지, 관심을 두고 지켜봐야 하겠습니다.

권력의 감시자 소리방

일거수일투족 감시당하는 총리

여러분, '1호 기자'라는 말을 들어본 적이 있나요? 기자는 기자인데 '1호'가 붙는 기자라니. 간혹 자신의 자녀 중 첫째를 1호기, 둘째를 2호기라고 부르는 것처럼, 언론사에서 가장 '짬밥'이 높은 기자를 칭하는 말일까요? 사실 '1호 기자'는 과거 청와대 출입기자를 부르는 표현입니다. 대통령 전용기의 공식 명칭인 '공군 1호기'에서 따온 표현이라고 일컬어집니다. '1호 기자'는 최고 권력을 근거리에서 취재한다는 명예를 누리는 한편, 정부와 소속사 간의 연락선이라는 부담이 공존하는 자리입니다. 따라서 각 언론사는 가장 유능하고 믿을 수 있는 기자를 청와대 출입기자로 보냈습니다. 지금은 대통령 집무실과 비서진의 근무 시설이 모두 청와대를

정치인을 만드는 것

떠나 용산 대통령실로 옮겼습니다만 '1호 기자'의 위상과 형편은 아직 유효한 것 같습니다.

사실 '1호 기자'의 역할은 머나먼 옛날에 비해 많이 축소됐습니다. 1990년대 후반 김대중 정부 시절까지만 해도 기자들이 직접 비서실 근무 시설까지 들어가 취재 활동을 전개할 수 있었다고 하는데요. 마치 사회부 막내 기자가 경찰서와 파출소를 돌며 실무자와 접촉하고 정보를 수집하는 형태와 유사했다고 합니다. 물론 아무 때나 쳐들어가는 건 불가했고, 일주일 중 특정 요일을 지정해 개방하는 형태였다고 전해집니다.

하지만 이러한 '1호 기자'의 자유로운 청와대 취재는 2000년대 들어 크게 위축됩니다. 소수 언론사가 고급 정보를 독점하는 형태를 해체하고, 가능한 많은 언론사에 청와대 접근 기회를 개방하겠다는 노무현 정부의 기조 아래 청와대 출입기자실 '춘추관'이 개편되었기 때문입니다. 이때를 기점으로 '1호 기자'의 발로 뛰는 취재는 끝났고, 최고 권력과의 접점은 사라졌으며, 오로지 당국자의 브리핑에 의존하는 모양새로 변모하게 되었습니다. 청와대의 기조가 달라졌으니 정부 부처의 언론 대응 방식 역시 순차적으로 달라졌습니다. 자유로운 취재가 불가해진 만큼 정부에 의한 일방향 브리핑과 순전히 기자 개인의 역량에 기대는 '추가 취재'만이 남게 된 셈입니다.

이쯤 되면 갑자기 왜 우리나라 기자의 취재 환경에 대해 장황하게 늘어놓고 있는지 의문이 들 텐데요. 지금부터 본론인 일본 총리 전담 기자 '소리방'(総理番)에 대해 말씀드리겠습니다.

일본에는 우리나라의 '1호 기자'에 해당하는 '소리방'이 있습니다. '소리방'은 총리(総理; souri)와 담당자를 뜻하는 일본어 번(番; ban)을 합한 표현으로, 말 그대로 총리 전담 기자를 뜻합니다. 신문, 통신, 방송 각 언론사는 총리실에 '소리방'을 보내 총리의 일거수일투족을 하나도 빠짐없이 취재합니다.

일본의 총리실 취재기자 '소리방'과 한국의 대통령실 출입기자 '1호 기자'의 가장 큰 차이점은 "최고 권력자와 접촉할 수 있는가?"라는 질문에서 발생합니다. 앞서 설명한 것처럼 우리나라의 '1호 기자'는 정부에서 마련한 기자실에 상주하며 브리핑을 듣고, 개별 역량에 따라 당국자와 접촉하는 등 추가 취재를 전개합니다. 대통령과 대면하거나 직접 질문하고 답을 구하는 등 직접 취재는 사실상 불가합니다. 하지만 '소리방'은 총리의 숨소리가 들리는 지점까지 접근합니다. 이들의 취재가 낳은 결과물을 보면 얼마나 치밀하게 총리를 감시하고 있는지 알 수 있습니다.

총리동정(総理動静)

오전 8시, 도쿄·아카사카(赤坂) 중의원 숙소.

오전 8시 18분, 중의원 숙소 출발. 20분 관저 도착. 21분부터 22분까지 언론 각사 인터뷰.

오전 8시 59분부터 9시 12분까지, 이와야 다케시(岩屋毅) 외무대신, 하야시 요시마사(林芳正) 관방장관, 다치바나 게이이치로(橘啓一郎)·아오키 가즈히코(青木一彦)·사토 후미토시(佐藤文俊) 관방부장관, 고지마 히로시(小島裕史) 내각위기관리감, 국가안전보장국 아키바 다케오(秋葉剛男) 국장, 이치카와 게이이치(市川恵一)·스즈키 아쓰오(鈴木敦夫) 부국장, 하라 가즈야(原和也) 내각정보관, 고베 마사히로(河辺賢裕) 외무

정치인을 만드는 것

성 종합외교정책국장, 방위성 야마토 다로(大和太郎) 방위정책국장, 요시다 요시히데(吉田圭秀) 통합막료장. 9시 13분부터 17분까지, 아키바 국장. 9시 18분부터 33분까지, 국가안전보장회의. 오전 10시 33분부터 53분까지, 나가시마 아키히사(長島昭久) 총리보좌관.

오전 11시부터 24분까지, 방위성 마스다 가즈오(増田和夫) 사무차관, 야마토 방위정책국장.

오전 11시 30분부터 오후 0시 5분까지, 아키바 국가안전보장국장.

오후 2시 30분부터 3시 2분까지, 이토 요시타카(伊東良孝) 지방창생담당대신, 다치바나·아오키·사토 관방부장관, 모리 마사후미(森昌文) 총리보좌관, 사카타 와타루(阪田渉) 관방부장관보, 에비하라 사토시(海老原諭) 내각관방 새로운 지방경제·생활환경창생본부 사무국장.

오후 3시 25분부터 55분까지, 가토 가쓰노부(加藤勝信) 재무대신, 재무성 신카와 히로쓰구(新川浩嗣) 사무차관, 우나미 히로타카(宇波弘貴) 주계국장.

오후 4시 4분부터 54분까지, GX실행회의.

오후 5시 3분부터 46분까지, 료세이 아카자와(赤沢亮正) 경제재정정책담당대신, 내각부 이노우에 히로유키(井上裕之) 사무차관, 하야시 사치히로(林幸宏) 심의관, 기무라 사토시(木村聡)·노무라 히로시(野村裕) 정책총괄관.

오후 5시 47분부터 56분까지, 내각공보실서 영상 촬영.

오후 6시 11분부터 37분까지, '일독포럼' 일본 측 좌장 고바야시 에이조(小林栄三) 이토츄상사 명예이사, 독일 측 좌장 마티어스 나스(Matthias Nass) 주간지 DIE ZEIT 외신부장 등 면담.

오후 7시 30분, 관저 출발. 37분 도쿄·아카사카 선술집 '하나뎅'(花でん) 도착. 아오키 데쓰야(八木哲也) 환경부대신 등과 회식.
오후 8시 26분, 위 장소 출발. 27분 중의원 숙소 도착.
오후 10시 현재, 중의원 숙소. (끝)

　　일본의 뉴스 통신사 《지지통신》(時事通信)이 2024년 10월 31일 보도한 총리 일정입니다. A4 용지 한 면을 통째로 할애해야 할 정도로 총리의 일거수일투족이 빼곡히 담겨 있습니다. 참고로 위 일정은 다음날이 아니라 그날 그 시간에 '실시간'으로 업데이트된 기사입니다. 총리가 발걸음을 옮기기라도 하면, 누군가와 마주치기라도 하면 5분도 채 되지 않은 사이에 언론을 타고 전국으로 소식이 전해지는 셈이죠. 통신사와 달리 실시간으로 기사를 발신할 수 없는 신문이나 방송은 이튿날 오전 6시 전후에 전날 있었던 총리의 모든 일정을 상세하게 보도합니다. 일반 국민이라면 누구나 매일 아침 총리의 전날 일정을 낱낱이 알게 되지요.

　　'소리방'은 총리 관저 현관에 상주합니다. 누구든 관저에 방문하면 가장 먼저 '소리방'의 질문 세례를 받아야 합니다. "당신은 누구냐", "누구를 만나러 왔냐" 만일 총리를 만나러 온 인물이라면 "총리와 어떤 이야기를 나누었냐", "총리는 어떤 말을 했냐" 등, 방문자의 이름과 직책은 물론 대화 내용까지 묻습니다. 언론에 대한 신뢰가 바닥에 가까운 한국인이 보기에 '기자가 뭐 대수라고' 하나하나 캐묻는 게 이상하게 느껴질 수도 있습니다만, 관저에 공식적으로 방문하는 인사라면 공인(公人)에 해당하므로 언론의 정당한 질문에 응할 의무가 있습니다. 방문자나 기자나 이러한 인식을 공유

정치인을 만드는 것

하고 있기에 하나도 불편할 게 없습니다. 물론 총리와의 만남은 국가 대소사를 논하는 자리일 테니 그 내용을 모두 공개하지는 않습니다. 즉, 답을 할지 말지가 방문자의 권리라면, 그런 방문자에게 질문을 던지는 것은 기자의 권리로 보장된다는 말입니다.

그렇다고 모든 총리가 '소리방'의 취재를 달갑게 보는 것은 아닙니다. 고이즈미 준이치로 전 총리는 하루 두 차례 관저를 드나들며 기자들과 문답하는 형태를 정착시켰는데요. 워낙에 달변가인 만큼 정책 홍보에 '소리방'을 적극 활용하였습니다. 기시다 후미오 전 총리 역시 기자들과의 접촉을 꺼리지 않았는데요. 그는 2021년 10월 취임한 이래 반년 남짓한 사이 130회를 넘게 '소리방' 문답을 하며 본인의 소신을 어필했습니다.

반면에 동일본대지진 당시 대응이 미진했던 탓에 여론의 뭇매를 맞았던 간 나오토 전 총리는 비상사태라는 이유를 들어 관저 현관 문답을 중지시켰습니다. 역대 최장기 관방장관을 지내며 매일 총리관저 출입기자와 씨름하였던 스가 요시히데 전 총리 역시 '소리방'의 취재가 불편했던 것 같습니다. 약 1년간 재임하는 동안 총 137회의 문답을 했는데, 질문 수를 제한하거나, 본인의 할 말이 끝나면 기자의 질문이 있더라도 무시하고 자리를 뜨는 모습을 보이기도 했습니다. 《아사히신문》은 이런 태도가 스가 전 총리의 지지율 하락에 일정 부분 역할했다고 지적하기도 합니다.

총리 관저 현관에 상주하며 드나드는 인원을 체크하고, 총리가 나타나면 곧장 따라붙어 현안에 관한 질문을 던지는 '소리방'. 근무 환경이 이렇다 보니, 총리 담당 기자는 대개 저연차 신입 기자를 배치합니다. 무엇보다 '체력'이 중요하기 때문입니다. 중의원과 참의원을 오가며, 건물의 계단을 몇 층이고 오르락내리락 뛰어가며 총리의 뒤를 쫓기에 20대 초중반의 신입

기자만큼 딱 맞는 인재는 없는 것이죠. 나아가 총리를 뒤쫓으며, 몸으로 부딪치며 일본 정계의 중심지 '나가타쵸'의 생리를 익힐 수도 있죠.

반면에 우리나라 대통령실 출입기자는 '허리'가 많습니다. 보통 대통령실 취재는 3인 체제로 굴러가는데요. 최선임인 '1진'은 대체로 15년 차 이상 차장급이 맡습니다. 밑으로 2진, 3진은 10년 차, 5년 차 수준으로 구성됩니다. 정치부 소속으로 정당 출입기자가 되어 국회와 정계가 어떻게 돌아가는지 파악하고 어느 정도 훈련을 거친 뒤 대통령실로 출입처를 옮기는 경우가 태반입니다. 총리를 근거리에서 쫓으며 발로 뛰는 막내 '소리방'과 정계의 흐름에 밝고 노련한 '1호 기자'의 차이가 느껴집니다.

감시받는 권력, 가능할까?

우리나라 대통령도 일본의 총리처럼 일거수일투족을 공개하려 시도한 적이 있습니다. 지난 2017년 10월 문재인 정부 당시 청와대는 대통령의 24시간을 투명하게 공개하기로 했는데요. 매주 월요일마다 지난 일주일간 있었던 대통령의 일정을 사후 공개하는 형식이었습니다. 도입 초기 꽤 활발하게 이루어지던 '대통령의 24시간' 공개 제도는 정부 말기로 갈수록 점점 흐릿해져 갔습니다. 또 누구를 만났는지, 누구로부터 보고를 받았는지 명확한 주체를 표기하지 않고 뭉뚱그려 '아무개 비서실'이라 표기하는 터라, 알맹이가 없단는 지적을 받기도 했습니다.

이후 윤석열 정부 대통령실은 일본과 유사한 '출근길 문답'(도어스테핑) 시스템을 도입해 한층 언론의 곁으로 다가가고자 시도했습니다. 참고로 도어스테핑(doorstepping)은 본래 취재 대상의 거주지나 근무지 문 앞까지

정치인을 만드는 것

들이닥쳐 취재하는 행태를 말하는데요. 우리나라 언론에서는 공식적인 브리핑 장소가 아닌 곳에서 기자와 만나, 선 채로 질문하고 답변하는 형식을 도어스테핑이라 부르고 있습니다. 일본에서는 이러한 취재 방식을 누군가의 주변에 '매달린다'라는 의미에서 '부라사가리'(ぶら下がり) 혹은 '둘러싼다'라는 의미에서 '가코미'(囲み)라고 부릅니다.

윤 대통령이 취임 다음 날부터 도입한 '도어스테핑'은 획기적이었습니다. 마치 매일 아침 관저에서 '소리방'에 둘러싸여 그날그날의 현안에 대해 답변하는 일본 총리의 모습이 겹쳐 보였습니다. 여태껏 우리나라 대통령은 '구중궁궐'이라 불리는 청와대에서 생활하며, 언론과 직접 소통하는 모습을 전혀 보여주지 않았는데요. 매일 아침 기자들과 만나 이야기를 나눈다니. 대단한 발전이었습니다. 어쩌면 우리도 일본과 같이 최고 권력자의 일거수일투족이 언론을 통해 대중에게 알려지는 날이 오지는 않을까 작게나마 기대하기도 했습니다.

하지만 윤 대통령이 야심차게 도입한 '도어스테핑'은 그리 길게 가지 못했습니다. 출입기자와 대통령실 간의 설전 끝에 4개월 만에 사라졌기 때문이죠. 누가 잘했고 누가 잘못했고는 중요하지 않습니다. 구화지문(口禍之門)이라 하던가요. 떠도는 말이 많아지면 그만큼 논란도 불러일으키는 법이라 생각합니다.

아무렴 첫 술에 배가 부를 수는 없으니, 일단은 첫 발을 내디뎠다는 점에서 만족해야 할 것 같습니다. 우리나라도 언젠가 최고 권력자가 국민과 언론 앞에 일상을 투명하게 공개하는 날이 올지. 기대됩니다.

일본 정치는 왜 이럴까

일본 정치는 왜 이럴까

맺음말

처음 이 책을 처음 기획했던 2024년 하반기 당시만 해도, 일본의 정국은 혼란 그 자체였습니다. 2012년 말부터 2020년 9월까지 무려 7년 8개월이나 장기 집권한 아베 신조 전 총리가 사임한 이래, 4년 사이 세 번째 총리 교체라는 혼돈의 변곡점을 목전에 두고 있었기 때문입니다. 아베 이후 그의 치세에서 최장수 관방장관이라는 기록을 세웠던 스가 요시히데 전 총리가 딱 1년 만에 총리직에서 물러났고, 그를 이어 기시다 후미오 전 총리가 3년의 임기를 채우고 곧장 '일개 병졸'로의 귀환을 선언하는 등, 일본 정계는 차기 지도자를 누구로 선출해야 하는가를 두고 말 그대로 박 터지는 전쟁을 치르고 있던 참이었죠.

자민당에 의한 정권 재창출은 불 보듯 뻔한 상황이긴 했습니다만, 문제는 '누가' 집권하느냐에 달려 있었습니다. 최장기 집권 이후 막후 실력자로 군림하고자 했던 아베가 2022년 괴한의 습격을 받아 사망하였고, 이를 계기로 자민당 내 가장 강력한 파벌인 '아베파'가 휘청거렸습니다. 그의 유훈을 잇겠다며 다카이치 사나에를 비롯한 우익 세력이 고개를 들었고, 이를 저지하고자 아베의 숙적 이시바 시게루가 다섯 번째 출사표를 던지기도 했습니다. 자민당이 친 아베와 반 아베로, 급진파와 온건파로, 보수주의와 개혁주의로 나뉘어 내홍을 치르는 사이, 차기 대권이 누구의 몫으로 돌아갈는지 한 치 앞도 내다볼 수 없는 형국이었습니다.

이에 더해 아베의 사망 그 이면에 있던 통일교 문제 즉 통일교로부터 인적, 금전적 이득을 취하였던 자민당 소속 정치인에 대한 청산 문제는 여전히 풀리지 않고 있었으며, 2023년 말 불거진 자민당 내 정치자금 파티 '뒷돈 문제'가 소속 국회의원 한 사람 한 사람의 목을 조여오고 있었습니다.

돌아가는 형세가 이러하니 한국에서 일본의 정국을 바라보기에 쉽사리 결과를 점치기 어려웠고, 그보다도 도대체 왜 이런 일들이 벌어지게 된 것인지 배경을 진단하기 쉽지 않았습니다. 차기 대권을 누가 쥘 것인지, 그 사람의 정치적 성향과 한국에 관한 생각은 어떠한지, 그의 집권기에 한일 관계는 어디로 흘러갈 것인지. 무엇 하나 명쾌하게 전망하기 어려웠습니다.

한일 관계는 양국의 리더십에 따라 출렁입니다. 특히 일본의 총리가 누구냐에 따라 영향을 크게 받습니다. 역대 일본 총리 중 우리나라 국민으로부터 가장 큰 미움을 받는다고 해도 과언이 아닌 아베의 경우, 그가 집권하던 시기 내내 한국과 일본의 사이는 냉랭했습니다. 특히 문재인 정부에 이르러 과거 한일 정부 간에 체결하였던 이른바 '2015 위안부 합의'를 휴지 조각으로 만들어 버리면서 폭발한 과거사 문제가 양국 사이를 헤집어 놓았습니다. 문재인-아베 시기에 위안부 합의 백지화, 일제 강제동원 피해 대법원 배상 판결, 동해상 자위대 초계기 레이더 조사 사건, 한일 무역 분쟁 등 첨예한 갈등 사안이 끊임없이 터져 나왔으니, 실로 '역대 최악의 관계'라고 평가해도 이견이 없을 듯합니다.

그런 아베가 총리에서 물러나고, 그의 후임인 스가, 또 그의 후임인 기시다로 리더십이 교체됨에 따라 한일 양국 사이에는 묘한 훈풍이 불었습니다. 때마침 우리나라에도 대일(対日) 관계의 호전을 기도하는 윤석열 정부가 들어섰으니 한일 관계의 조속한 정상화와 건설적 발전은 기대할 만했습니다. 특히 2015년 당시 외무대신으로 재임하며, 일본의 책임 인정이 담긴 위안부 합의를 주도했던 기시다가 총리에 오르니 한일 관계는 "좋아질 날만 남았다"라고 평가되기도 했죠.

윤석열-기시다 두 정상이 집권하던 시기 한국과 일본의 사이는 급격히 가까워졌습니다. 두 사람 모두 미국을 축으로 한 한미-미일 동맹을 기반으로 한미일 세 나라 협력을 추진하고자 했고, 같은 목표를 가진 만큼 이를 달성하기 위한 '자잘한' 과제들을 손쉽게 처리했습니다. 양국 정상이 비교적 편리하게 서로의 나라를 오가며 현안을 해결하는 '셔틀 외교'가 복원되었고, 일제 강제동원 피해에 관한 대법원의 배상 판결 역시 한국 정부가 대납하는 차원에서 봉합되었습니다. 위안부 문제는 어느샌가 수면 아래로 가라앉았죠.

물론 지난 몇 년간 한일 관계가 순풍에 돛 단 듯하지만은 않았습니다. 일본 정부가 검정하는 역사 교과서에 왜곡된 기술을 포함해 독도에 대한 일본의 영유권 주장이 되풀이되었고, 이는 일본 외무성의 방침인 '외교청서'와 방위성의 '방위백서'에서도 고스란히 반복되었습니다. 또한 기시다 집권 말기 후쿠시마 원자력 발전소의 '처리수' 혹은 '오염수'의 태평양 방류를 두고 반일 여론이 들끓기도 했습니다. 문재인 정부 시절의 '노재팬' 운동과는 비교할 바가 되지 못하지만, 대한(対韓) 온건파로 분류되던 기시다의 해가 저물려 하자 한일 관계는 다시금 격랑 속으로 빠져드는 듯했습니다.

하지만 이제 와서 돌이켜 보니 혼란한 것은 그들이 아니라 우리였습니다. 이 책은 일본의 혼란상을 두고 "어떻게 된 나라가 5년 사이에 총리가 넷이나 나오느냐"라고 일본 정치의 후진성을 비판하던 목소리에, 변명 아닌 변명을 하기 위해, 나아가 일본 정치에 관한 이해를 돕기 위해 시작되었습니다. 그러나 남을 향해 삿대질할 때, 나머지 네 손가락은 나를 향하고 있다는 말처럼, 일본을 한참이고 비웃던 사이 우리나라는 쉬이 돌이킬 수 없는 나락으로 곤두박질 치고 있었습니다. 어쩌면 진정 책으로 만들었어야 하는 것은 '일본 정치'가 아니라 "한국 정치는 도대체 왜 이렇게 되었는가?"가 아닐까 싶기도 합니다.

2024년 12월 3일 심야. 윤석열 대통령은 돌연 '비상계엄'을 선언했습니다. "종북 반국가세력을 척결하고, 헌정질서를 수호하겠다"라는 것이 이유였죠. 그의 논리는 허술했고, 국민 대다수의 공감대를 이끌어내지도 못했습니다. 국회의 의결에 따라 순식간에 진압된 계엄 선포는 우리나라 정치를 혼돈의 구렁텅이로 내던졌습니다. 계엄 해제 이후 국회에서 일사천리로 처리한 대통령 탄핵 소추로부터 2025년 4월 4일 11시 22분, 헌법재판소의 윤석열 대통령 파면 선고까지. 수개월에 걸친 고통의 나날이 지금도 기억에 선명합니다.

헌정사 두 번째로 기록된 대통령 탄핵과 그에 따른 보궐선거로 이재명 대통령이 대권을 쥐었습니다. 정적(政敵) 이재명을 제거하기 위해 기도한 것으로 보이는 윤석열의 비상계엄은, 아이러니하게도 이재명을 대통령으로 만들었습니다.

이재명 대통령의 탄생을 두고 일본 사회는 떠들썩했습니다. 그는 과거 일본에 대해 "군사적 측면에서 보면 여전히 일본은 적성국가(敵性国家)"라고 평가하였으며, 윤석열 정부의 대일 관계 개선 기조를 두고 '굴종외교'라고 평가절하하기도 했었죠. 이러한 이력에 따라 일본의 유력 주간지인 《주간현대》(週刊現代)는 이 대통령을 향해 "반일 몬스터"라고 별명을 붙이기도 했죠. 다만 이 대통령의 실용주의 외교 노선에 기대를 거는 목소리도 분명히 존재했습니다. 낙관과 비관이 착종하는 형국이 펼쳐지고 있습니다.

그렇다고 일본 정계의 상황이 마냥 호락호락한 것만은 아닙니다. '아웃사이더' 이시바 시게루 총리의 입지가 좁아질 대로 좁아졌기 때문입니다. 자민당은 2012년 정권 탈환 이래 안정적인 과반을 확보하며 제1당의 지위를 공고히 유지해 왔는데요. 이시바 총리가 집권하고부터는 상황이 역전되었습니다. 2024년 10월 중의원 선거에서 참패하며 의회 단독 과반 달성에 실패하였고, 2025년 7월 참의원 선거 역시 과반 의석수 확보에 실패했습니다. 자민당이 중참 양원에서 나란히 단독 과반을 잃은 것은 1955년 이래 처음 있는 일입니다.

이시바 총리의 정치적 입지가 더 이상 쪼그라들 여력도 없어 보입니다. 이시바 본인은 총리직을 유지하며 쌀값을 비롯하여 폭등한 물가를 관리하는 일, 난관에 봉착한 미일 관세 협상의 타개 등 당면 과제에 집중하겠다는 의향을 내비쳤는데요. 당 내외에서 불어오는 퇴진 압력은 거셉니다. 만일 이시바 총리가 압력에 이기지 못해 퇴진하게 되면, 일본 정계는 다시금 격랑 속으로 빨려들어가게 되겠죠.

자민당이 가진 선택지는 그리 많지 않습니다. '국난'(国難)이라 불리는 현 사태를 타개하기 위해 인기 없는 총리를 갈아치울 것인가, 혹은 자민당에서 갈라져 나간 소수 야당을 불러들여 연립정권을 확대할 것인가. 그마저도 아니라면, 패배를 인정하고 정권을 야당에 헌납한 뒤 절치부심하는 것도 최후의 선택지가 될 수 있겠습니다.

자민당이 패배의 그림자 속에서 허덕이는 사이, 외국인에 대한 강력한 규제와 '일본인 퍼스트'를 외치며 우익 대안 정당으로 부상한 참정당(參政党)이 참의원 선거에서 기존 1석에 14석을 추가하며 원내 제5당으로 치고 올라왔습니다. 이들이 우익 강경파 유권자의 마음을 훔친 탓에 자민당이 쪼그라들었다는 평가도 있습니다. 전통적 야당인 입헌민주당·국민민주당이 여전히 건재하기는 하나, 극우 세력의 약진은 향후 일본 정계의 방향을 가늠하는 데 중요한 지표가 되리라 생각합니다.

앞으로의 한일 관계는 어디로 갈까요. 일본 정가와 언론의 호들갑과 같이 '반일 몬스터' 이재명 대통령으로 인해 파탄이 나게 될까요. 아니면 우편향 일변도의 일본 국회가 다시금 '혐한'의 유혹에 빠져들게 될까요. 선불리 예상하기는 어렵습니다. 다만 사이좋게 지냈으면 하고 기대를 걸 뿐입니다. 한 치 앞을 내다보기 어려운 한일 관계, 그리고 그 배경에 자리한 일본의 정치. 이들의 내막을 이해하는 데 이 책이 작게나마 도움이 되었기를 희망합니다.

2025년 7월 21일, 영등포에서.
김호진.

참고문헌

국내 자료

김태주, 김종원, 최용환(2023). "최근 북일 접촉의 함의와 시사점". 이슈브리프(457). 국가안보전략연구원.

정병기(2014). "주요국의 지방 선거제도와 공천방식 비교연구". 국회입법조사처 정책연구용역보고서. 국회입법조사처.

최장호, 이희선(2023). "북일 관계 개선 동향과 쟁점". KIEP 기초자료 23-11. 대외경제정책연구원.

경제희(2013). "일본 민주당의 창당 및 집권 과정과 조직 구성 및 운영방식의 변화". 현대정치연구(6). 서강대학교 현대정치연구소. pp. 187-218.

김세걸(2003). "일본의 정당 민주주의: 역사·구조·쟁점". 사회과학연구(11). 서강대학교 사회과학연구소. pp. 111-136.

노기호(2007). "일본교육기본법의 개정 내용과 특징". 공법학연구(8). 한국비교공법학회. pp. 299-335.

서동만(2000). "북일 수교 전망과 정치·경제적 대응 과제". 통일경제(63). 현대경제연구원. pp. 58-71.

이갑윤(1993). "자민당지지 변화의 요인: 정부 업적과 다당화". 지역연구(2). 서울대학교

국제학연구소. pp. 51-67.

이갑윤(1996). "일본 정당제의 변화: 정치개혁과 정계개편". 지역연구(5). 서울대학교 지역종합연구소. pp. 111-132.

이유진(2012). "일본의 의원직 세습에 대한 연구". 비교일본학(27). 한양대학교 일본학국제비교연구소. pp. 219-256.

조석제(2001). "일본자민당의 파벌정치와 정책리더십". 중앙행정논집(15). 한국공공관리학회. pp. 81-100.

조진구(2018). "일본회의의 역사인식과 교육관: 무라야마 담화 정신에 대한 도전". 입법과 정책(10). 국회입법조사처. pp. 197-220.

권대열. (2002.04.09.). "[일본] "독도는 일본땅" 왜곡교과서 또 검정 통과". 조선일보. URL: https://www.chosun.com/site/data/html_dir/2002/04/09/2002040970415.html

권혁태. (2012.11.23.). "아베 '아배의 아배도' 총리였던 세습정치. 한겨레21. URL: https://h21.hani.co.kr/arti/world/world_general/33367.html

길윤형. (2014.08.24.). "이시바 간사장, 안보상 제의 고사 뜻... 일 자민당 2인자, 아베에 반기?". 한겨레. URL: https://www.hani.co.kr/arti/international/japan/652534.html

김세호. (2024.10.16.). "일본 자민당, 총선 공천자의 28.4% '세습 정치인'". YTN. URL: https://www.ytn.co.kr/_ln/0104_202410161146130795

김신용. (2005.01.12.). "'1호 기자' 위상 갈수록 떨어져". 한국기자협회보. URL: https://www.journalist.or.kr/news/article.html?no=8809

김재철. (1994.07.13.). "무라야마 일본 총리, 사회당 위원장 자격 북측에 조전 보내", MBC. URL: https://imnews.imbc.com/replay/1994/nwdesk/article/1933443_30691.html

김태균. (2023.04.23.). ""무능한 사람들 판치고 우수인재는 바보가 돼"...일본 정치는 어쩌다 이렇게 됐나?". 서울신문. URL: https://www.seoul.co.kr/news/

plan/Jlog/2023/04/23/20230423500066

김형호. (2019.07.17.). "'日 삿초동맹'까지 거론하며 경제보복 철회 요구한 韓 정부". 한국경제신문. URL: https://www.hankyung.com/article/2019071715681

동아일보. (1994.07.13.). "日 총리 北에 哀悼 전문", URL: https://newslibrary.naver.com/viewer/index.naver?articleId=1994071300209102007&editNo=45&printCount=1&publishDate=1994-07-13&officeId=00020&pageNo=2&printNo=22568&publishType=00010

류정민. (2023.03.18.). "[정치X파일] 국회의원 10선이 꿈의 영역인 이유". 아시아경제. URL: https://www.asiae.co.kr/article/2023031507501991745

박상현, 이상현. (2023.05.29.). "北 "일본 변하면 못만날 이유 없어"…기시다 " 구체적 진전 원해"(종합)". 연합뉴스. URL: https://www.yna.co.kr/view/AKR20230529021851504

박헌경. (2018.12.03.). "일본의 삿초동맹과 아베 총리". 경북일보. URL: https://www.kyongbuk.co.kr/news/articleView.html?idxno=1046289

법률신문. (2015.02.10.). "'록히드 사건' 수사 日 검객들, 하루 차이로 영면". URL: https://www.lawtimes.co.kr/news/91046

서경식. (2008.03.28.). "청산하지 못한 역사 "재일조선인"이란?". 독립기념관. URL: https://www.i815.or.kr/upload/kr/magazine/2008/03/20080328.pdf

서승욱. (2020.04.27.). "'보수' 정경숙 40년…기로에 선 마쓰시타 고노스케의 꿈". 중앙일보. URL: https://www.joongang.co.kr/article/23763541

신복룡. (2024.08.01.). "요시다 쇼인의 정한론". 중앙일보. URL: https://www.joongang.co.kr/article/25267618

신지홍. (2006.12.15.). "일본 교육기본법 개정안 국회 가결". 한겨레. URL: https://www.hani.co.kr/arti/international/japan/178574.html

안윤석. (2017.09.14.). "北 아태평화위, 한.미.일 맹비난..."믿을 것은 자위적 핵무력"". 서울평양뉴스. URL: https://www.spnews.co.kr/news/articleView.html?idxno=3338

오수진. (2024.03.29.). "주중北대사 "일본이 접촉해왔지만 어떤 급에서도 만날 일 없어"". 연합뉴스. URL: https://www.yna.co.kr/view/AKR20240329154300504

윤덕균. (2019.06.10.). "일본식 서당 '쇼카손주쿠'가 만든 정치혁명의 실체는 무엇인가". KSAM Magazine. URL: https://www.ksam.co.kr/p_base.php?action=story_base_view&s_category=_2_&no=1643

이다솜. (2019.02.02.). "한국은 '패싱' 북한엔 '손짓'…일본의 전략은?". KBS. URL: https://news.kbs.co.kr/news/pc/view/view.do?ncd=4131446

이상현.(2024.02.15.)."'쿠바'에충격받은북한…대일관계개선으로맞불놓나".연합뉴스. URL: https://www.yna.co.kr/view/AKR20240215168700504

이충렬. (2019.07.22.). "일보 극우는 한국의 '민주주의'를 눈엣가시로 여긴다". 프레시안. URL: https://www.pressian.com/pages/articles/249940

이태진. (2023.03.11.). "155년 전 천황제 파시즘, 한·일 파트너십에 아직도 걸림돌". 중앙선데이. URL: https://www.joongang.co.kr/article/25146256

전성훈. (2021.01.29.). "[특파원 시선] 75년간 68개 정부…이탈리아 정치위기 왜 반복되나". 연합뉴스. URL: https://www.yna.co.kr/view/AKR20210129006051109

정영교, 박현주. (2024.06.13.). "[단독] 북일, 몽골서 비밀접촉…"김정은 직보라인 보냈다"". 중앙일보. URL: https://www.joongang.co.kr/article/25256037

정영효. (2021.10.15.). "'임기 4년, 실제로는 3년?'…日국회의원 465명 어떻게 뽑나 [정영효의 인사이드 재팬]". 한경닷컴. URL: https://www.hankyung.com/article/202110158949i

조준형. (2014.07.03.). "집단자위권 역풍 맞은 아베, '북풍'으로 돌파하나". 연합뉴스. URL: https://www.yna.co.kr/view/AKR20140703151300073

조철희. (2022.08.21.). "한국보다 못한 일본 정치, '잃어버린 30년'의 원인". 머니투데이. URL: https://news.mt.co.kr/mtview.php?no=2022080912411276955

차병석. (2010.06.07.). "[특파원 칼럼] 日 총리 자주 바뀌는 이유". 한국경제신문. URL: https://www.hankyung.com/article/2010060782561

최우석. (2024.04.15.). "22대 당선자도 '5060·SKY' 편중 여전". 세계일보. URL: https://www.segye.com/newsView/20240414521722

최원형. (2016.08.11.). "100년 역사 속 '주체'로 우뚝 선 재일조선인". 한겨레. URL: https://www.hani.co.kr/arti/culture/book/756289.html

한승동. (2017.08.17.). "아베 뒤에 일본회의, 그 뒤엔 종교집단". 한겨레. URL: https://www.hani.co.kr/arti/culture/book/807294.html

현기성. (2023.06.13.). "[세계 정치, 이렇게 돈다] 세계에서 드문 권력 구조 천황과 총리가 공존하는 일본". 어린이조선일보. URL: https://kid.chosun.com/site/data/html_dir/2023/06/12/2023061201875.html

홍민지. (2018.05.15.). ""파렴치하고·악종들의 집합체"…북한의 일본 '맹비난'". SBS. URL: https://news.sbs.co.kr/news/endPage.do?news_id=N1004757655

북한정보포털. "조총련(재일본조선인총연합회)". 북한지식사전(2021). URL: https://nkinfo.unikorea.go.kr/nkp/knwldg/view/knwldg.do;jsessionid=Opzf9RWj785dyj5-o2I7a3rOHFe35eEazSyatBrV.ins12?menuId=NK_KNWLDG_DICARY&knwldgNo=210

이용선. "대통령제". 한국민족문화대백과사전. URL: https://encykorea.aks.ac.kr/Article/E0014869

중앙선거관리위원회. (2013.09.01.). "국회운영은 우리가! 다수당과 교섭단체".

URL: https://www.nec.go.kr/site/nec/ex/bbs/View.do?cbIdx=1175&bcIdx=17365

국외자료

日本会議. 『グラフでつづる日本会議２０年史　誇りある国づくりへ』. 日本会議事務総局. 2017.11.27.

日本社会党結党四十周年記念出版刊行委員会.『資料日本社会党四十年史』. 日本社会党中央本部. 1985.11.

伊奈久喜.「講和で分裂する社会党」.『日本経済新聞』. 2012.04.21.

高安健将.「自民党の組織構造と首相の権力」.『選挙研究(30)』. 2015.01.

池谷知明. (2013.08.06.).「日本とイタリアではなぜ首相が「短命」なのか」.『ニッポンドットコム』. URL: https://www.nippon.com/ja/in-depth/a02302/

井芹浩文. (2013.03.08.).「日本の政治は「右傾化」するのか」.『imidas』. URL: https://imidas.jp/jijikaitai/c-40-084-13-03-g055

大杉はるか. (2024.01.19.).「「世襲議員」の存在が政治不信を招く　「親の地盤」からの立候補禁止など選挙制度の見直しが必要だ」.『東京新聞』. URL: https://www.tokyo-np.co.jp/article/303642

勝村誠.「日本会議とは何でしょうか」.『日本平和学会　１００の論点』. URL: https://www.psaj.org/100points23/

金子元希. (2017.08.08.).「尾木ママが斬る森友問題「教育勅語、一文字も使えない」」.『朝日新聞』. URL: https://www.asahi.com/articles/ASK7511QFK74PTIL03J.html

『共同通信』. (2024.10.15.).「自民「世襲」候補が３割弱　立民も１割超、全体で１３６人」. URL: https://www.47news.jp/11627373.html

『しんぶん赤旗』. (2023.06.28.).「安倍元首相の政治団体　妻昭恵氏が継承

残された政治資金どこへ」．URL: https://www.jcp.or.jp/akahata/aik23/2023-06-28/2023062801_01_0.html

『時事通信』．(2024.04.22.)．「岸田首相の在職日数、戦後８位に９３２日、橋本氏と並ぶ」．URL: https://www.jiji.com/jc/article?k=2024042100267&g=pol

『時事通信』．(2024.10.31.)．「首相動静（１０月３１日）」．URL: https://www.jiji.com/jc/article?k=2024103100319&g=pol

『情報公開クリアリングハウス』．(2024.05.16.)．「公費であるほど使途が不透明になる政治資金」．URL: https://clearing-house.org/?p=6604

『日本経済新聞』．(2016.06.17.)．「ニホンvsニッポン？　力強さで「ニッポン」派増加」．URL: https://www.nikkei.com/article/DGXMZO03663500W6A610C1000000/

『日本経済新聞』．(2022.06.10.)．「＜記者の目＞新陳代謝「3バン」が阻む」．URL: https://www.nikkei.com/article/DGKKZO61600890Q2A610C2EAC000/

『日刊現代デジタル』．(2023.12.01.)．「"一般人"昭恵夫人の懐に政治資金2.1億円！「非課税で全額相続」がまかり通るのはおかしい」．URL: https://www.nikkan-gendai.com/articles/view/money/332733/2

『日刊スポーズ』．(2024.10.09.)．「衆院解散でなぜ万歳？「やけくそ」「高揚感」「天皇陛下に向けて」など諸説　10・27衆院選へ」．URL: https://www.nikkansports.com/general/nikkan/news/202410090000317.html

藤本あゆみ．(2018.01.12.)．「週休二日制の生みの親　松下幸之助の「教養」哲学」．『Forbes japan』．URL: https://forbesjapan.com/articles/detail/19251

『毎日新聞』．(2023.12.08.)．「国会議員の世襲制限　親の「かばん」継げぬよう」．URL: https://mainichi.jp/articles/20231208/ddm/005/070/093000c

前田健汰．(2023.02.13.)．「岸信千世氏、ホームページ掲載の家系図を削除　SNS

上で批判相次ぐ」．『朝日新聞』．URL: https://www.asahi.com/articles/ASR2F6RPTR2FTZNB00W.html

『文部科学省』．（2023.12.20.）．「令和5年度学校基本統計結果の概要」．URL: https://www.mext.go.jp/content/20230823-mxt_chousa01-000031377_001.pdf

『読売新聞』．（2010.06.02.）．「普天間飛行場移設問題で鳩山首相退陣」．URL: https://www.yomiuri.co.jp/special/yol20th/article/n2010-2.html

『読売新聞』．（2020.12.14.）．「「加藤の乱」から２０年…元・反乱軍の二人、再び相まみえるか」．URL: https://www.yomiuri.co.jp/column/politics03/20201209-OYT8T50029/

『読売新聞』．（2021.10.14.）．「伝家の宝刀？今さら聞けない「衆議院解散」…万歳の理由は諸説あり」．URL: https://www.yomiuri.co.jp/election/shugiin/20211013-OYT1T50175/

『読売新聞』，(2021.10.29.).「［データで見る衆院選］当選回数　平均４・６」URL: https://www.yomiuri.co.jp/election/shugiin/20211029-OYT1T50000/

『BBC』．（2017.03.17.）．「安倍政権、学校・土地・ナショナリズムめぐるスキャンダルに直面」．URL: https://www.bbc.com/japanese/39289232

『NHK』．（2024.10.11.）．「政府　衆議院選挙の費用　今年度予備費から815億円支出を決定」．URL: https://www3.nhk.or.jp/news/html/20241011/k10014607051000.html

『NHK』．（2024.11.01.）．「自民　衆議院　197人で活動へ　会派に無所属で当選の6人追加」．URL: https://www3.nhk.or.jp/news/html/20241101/k10014626171000.html

『NHK政治マガジン』．（2016.11.01.）．「「総理番」って知ってますか」．URL: https://www.nhk.or.jp/politics/articles/feature/6355.html

『NHK政治マガジン』．（2020.11.18.）．「社民党は消えてしまうのか」．URL: https://

www.nhk.or.jp/politics/articles/feature/48247.html

『NHK政治マガジン』.　　「ねほりはほり聞いて！政治のことば　衆議院の解散」. URL: https://www.nhk.or.jp/politics/kotoba/1555.html （최종접속: 2024.10.18.）.

『TOKYO MX』. (2024.07.05.).「日本の選挙費用はなぜ高額になるのか…先の選挙で費用を公開し注目を集めた前参議院議員・須藤元気氏と考える」. URL: https://s.mxtv.jp/tokyomxplus/mx/article/202407050650/detail/

『THE PAGE』. (2021.10.08.).「【動画】5分でわかる　自民党「派閥」の歴史　"田中支配"から清和会の隆盛まで」. URL: https://news.yahoo.co.jp/articles/4612e0bd61f71a1e139c3990e2e6120d16e4e980?page=1

『TV朝日』. (2020.04.12.),「政治部記者の仕事　総理番に密着」. URL: https://www.tv-asahi.co.jp/hai/backnumber/0718/

開成中学校・高等学校.　「入試状況・結果」. URL: https://kaiseigakuen.jp/admission/exam/result/ (기준일: 2024.04.05., 최종접속: 2024.11.18.)

国立国会図書館.「尾崎行雄」.『近代日本人の肖像』. URL: https://www.ndl.go.jp/portrait/datas/47/ (최종접속: 2024.10.18.).

国立国会図書館.「55年体制の成立：社会党の統一」.『史料にみる日本の近代』. URL:

https://www.ndl.go.jp/modern/cha6/description06.html　　（최종접속: 2024.09.06.）.

国立国会図書館.「政党の再建」.『史料にみる日本の近代』. URL: https://www.ndl.go.jp/modern/cha5/description04.html （최종접속: 2024.11.11.）.

国立国会図書館.　「第1回衆議院議員選挙で当選した人々」.　『近代日本人の肖像』. URL: https://www.ndl.go.jp/portrait/pickup/024 （최종접속: 2024.09.04.）.

国立国会図書館.「日本国憲法の誕生　新しい二院制議会」. URL: https://www.

ndl.go.jp/constitution/ronten/04ronten.html (최종접속: 2024.11.20.).

参議院.「衆議院のあらまし 会派」. URL: https://www.sangiin.go.jp/japanese/aramashi/keyword/kaiha.html (최종접속: 2024.11.05.).

在日韓国人歴史資料館.「在日コリアンQ&A」. URL: http://www.j-koreans.org/etc/qna.html (최종접속. 2024.12.03.).

自民党中央政治大学.「中央政治大学院とは」. URL: https://daigakuin.jimin.jp/aboutus/ (최종접속: 2024.11.19.).

自民党中央政治大学. (2024.09.30.). 「全国４７都道府県地方政治学校開講一覧」. URL: https://storage2.jimin.jp/pdf/daigakuin/images/news/school202410.pdf (최종접속: 2024.11.19.).

衆議院.「衆議院議員総選挙一覧表」. URL: https://www.shugiin.go.jp/internet/itdb_annai.nsf/html/statics/shiryo/senkyolist.htm#kaisan (최종접속: 2024.10.18.).

内閣府.「内閣制度の概要」. URL: https://www.kantei.go.jp/jp/seido/seido_2_1.html (최종접속: 2024.10.24.).

萩市観光協会.「松下村塾」. URL: https://www.hagishi.com/search/detail.php?d=100009 (최종접속: 2024.11.19.).

山下一仁. (2023.06.15.).「『有権者が当選させているのだから仕方ない』は本当か…政治家が劣化した世襲議員ばかりになった根本原因」.『キャノングローバル戦略研究所』. URL: https://cigs.canon/article/20230623_7529.html (최종접속: 2024.09.30.).

立憲民主党.「りっけん政治塾」. URL: https://cdp-japan.jp/info/seijijuku (최종접속: 2024.11.19.).

立憲民主党TOKYO. (2021.12.01.).「「立憲アカデミー東京」第2期 受講生募集」. URL: https://cdp-tokyo.jp/rikken-academy-2/ (최종접속: 2024.11.19.).

レンタルバスターズ.「選挙の準備と後援会活動について」. URL: https://www.

rentalbusters.net/column/36/ (최종접속: 2024.10.11.).

スマート選挙. (2023.05.29.). 「選挙の三バン (地盤・看板・カバン) とは？三バンを創り上げて当選した事例も紹介」. URL: https://blog.smartsenkyo.com/3776/#toc2 (최종접속: 2024.10.11.).

総務省.「なるほど!選挙　選挙公営」. URL: https://www.soumu.go.jp/senkyo/senkyo_s/naruhodo/naruhodo16.html (최종접속: 2024.10.17.).

有名人の出身大学ランキング. 「歴代内閣総理大臣出身大学ランキング」. URL: https://university-rank.com/ranking_primeminister.htm (최종갱신일: 2024.11.13., 최종접속: 2024.11.18.).

GROOVEWORKS. 「社会トレンド年表　歴代総理大臣」. URL: https://anx.grooveworks.co.jp/?page_id=8541 (최종접속: 2024.11.18.).

그림자료

A) 小林音次郎 編『実写奠都五十年史』,日本仏教協会,大正6. 国立国会図書館デジタルコレクション https://dl.ndl.go.jp/pid/966624 (참조 2025-01-14)

B) 書陵部所蔵資料目録・画像公開システム, 「宮内公文書館 ― 維新当時綿絵 (85610)」, URL: https://shoryobu.kunaicho.go.jp/Kobunsho/Detail/4000856100000 (최종접속: 2025.01.13.).

C) Cluster Munition Coalition, CC BY 2.0 <https://creativecommons.org/licenses/by/2.0>, ウィキメディア・コモンズ経由でhttps://commons.wikimedia.org/wiki/File:Y%C5%8Dhei_K%C5%8Dno.jpg

D) Liberal Democratic Party, Copyrighted free use, ウィキメディア・コモンズ経由でhttps://commons.wikimedia.org/wiki/File:Tanigaki_Sadakazu_1-2.jpg

E) 首相官邸ホームページ, rekidainaikaku/045.html, rekidainaikaku/052.html　吉田茂, 鳩山一郎,　https://www.kantei.go.jp/jp/ https://www.kantei.go.jp/jp/

F) 首相官邸ホームページ, rekidainaikaku/065.html, rekidainaikaku/067.html　田中角栄, 福田赳夫,　https://www.kantei.go.jp/jp/ https://www.kantei.go.jp/jp/

G) 首相官邸ホームページ, rekidainaikaku/046.html　片山哲,　https://www.kantei.go.jp/jp/

H) 首相官邸ホームページ, rekidainaikaku/066.html　三木武夫,　https://www.kantei.go.jp/jp/

I) 首相官邸ホームページ, rekidainaikaku/072.html, rekidainaikaku/089.html　中曾根康弘, 小泉純一郎,　https://www.kantei.go.jp/jp/ https://www.kantei.go.jp/jp/

일본 정치는 왜 이럴까

초판 1쇄 2025년 8월 31일

지 은 이   김호진

펴 낸 이   김호진
펴 낸 곳   도서출판 이목
전   화   010-4691-4265
이 메 일   hojin1030k@gmail.com

제   작   POD Book
인   쇄   (주) 신우인쇄

출판등록   2024년 01월 23일
출판신고   제2024-000014호
I S B N   979-11-987461-3-9 (03300)

* 잘못된 책은 구입한 곳에서 바꾸어 드립니다.
* 책값은 뒤표지에 있습니다.

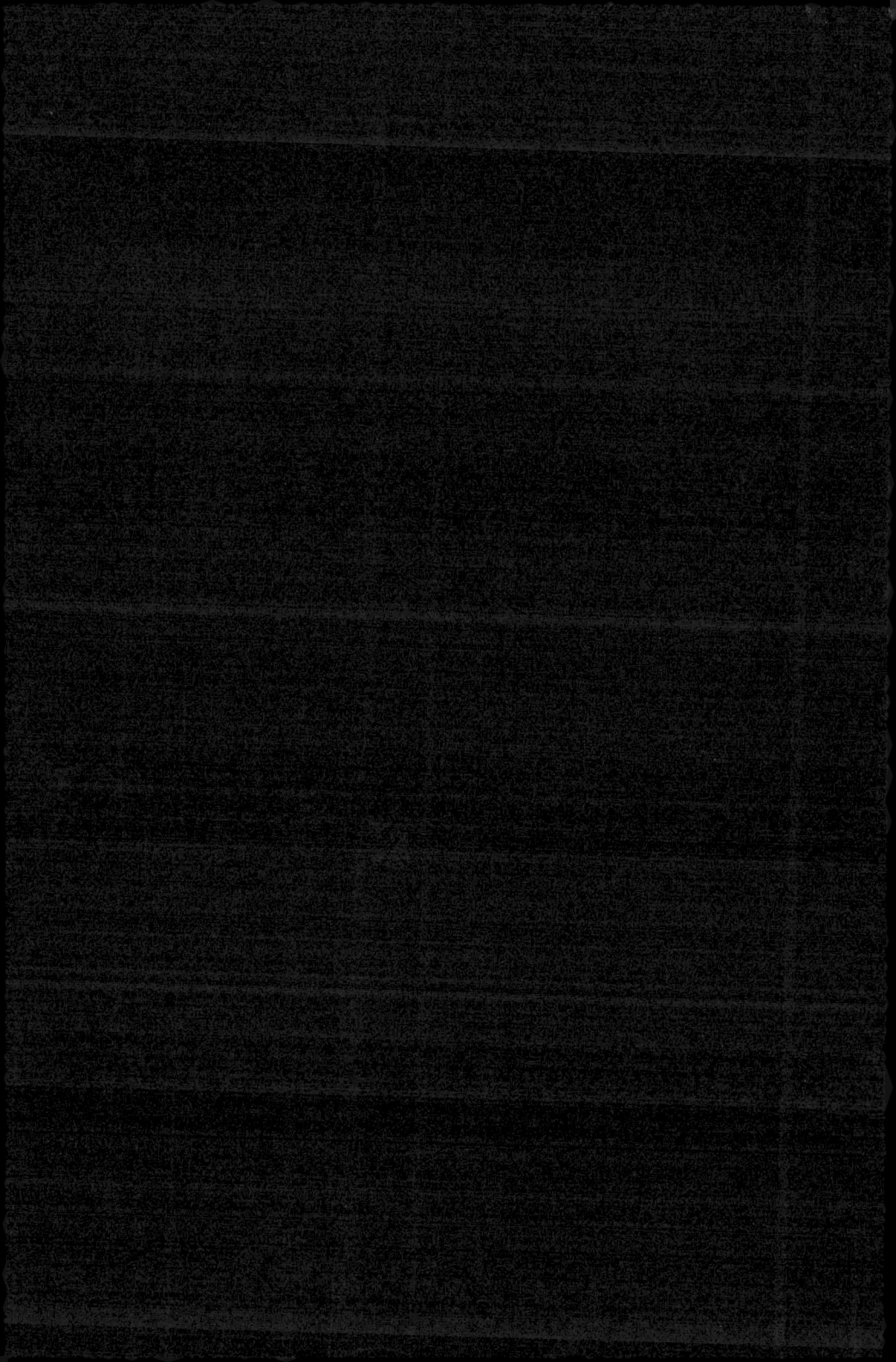